CRÊPES
ET
QUICHES

TORMONT

D1404879

Photographies : Marc Bruneau
Préparation des recettes : Studio Tormont
La vaisselle a été prêtée par Hutschenreuther et Stokes
Conception graphique des pages : Zapp
Conception graphique de la couverture : Cyclone Design
Communications

© 2007 Les Éditions Tormont inc., Montréal
www.tormont.com

Canadä

Nous reconnaissons l'aide financière du gouvernement du Canada par
l'entremise du Programme d'aide au développement de l'industrie de
l'édition (PADIÉ) pour nos activités d'édition.

Dépôt légal – Bibliothèque et Archives nationales du Québec, 2007.

ISBN 978-2-7641-2121-4 (publié précédemment par
Les Éditions Brimar inc., ISBN 2-89433-195-9)

Imprimé en Chine

CRÊPES ET QUICHES

Au premier coup d'œil, les crêpes et les quiches
semblent avoir bien peu de choses en commun.
Pourtant, toutes deux sont préparées
avec les mêmes ingrédients simples :
farine, œufs et lait, et donnent des mets délicieux
qui vous feront passer pour un fin cuisinier.

De plus, leur préparation est des plus faciles.
Ce livre vous expliquera, à l'aide
de techniques présentées étape par étape,
comment réussir sans difficulté
des quiches feuilletées et des crêpes
d'une légèreté sans pareil.

Les garnitures sont encore plus faciles à préparer.
Un peu de viande ou quelques légumes
suffiront pour obtenir, en un tour de main,
un plat principal succulent, une entrée originale
ou un dessert mémorable.

Ce livre de recettes vous permettra de partager
un agréable repas en compagnie
de votre famille ou de vos amis.

Pâte à quiche de base
(1 quiche de 23 cm (9 po) de diamètre)

500 ml	farine tout usage	2 tasses
2 ml	sel	½ c. à t.
200 g	beurre très froid	7 oz
75 ml	eau glacée	⅓ tasse

1 Dans un bol, tamiser la farine avec le sel.

2 Couper le beurre en petits morceaux; les incorporer à la farine avec un malaxeur.

3 Renverser la pâte sur une surface de travail farinée et la pétrir pendant plusieurs minutes.

4 Façonner en boule, envelopper dans du papier ciré et réfrigérer 1 heure.

5 Amener la pâte à température ambiante avant de l'abaisser.

Pâte à quiche très riche
(1 quiche de 23 cm (9 po) de diamètre)

375 ml	farine tout usage	1 ½ tasse
2 ml	sel	½ c. à t.
90 ml	beurre très froid	6 c. à s.
30 ml	graisse végétale très froide	2 c. à s.
75 ml	eau glacée	5 c. à s.

1 Dans un bol, tamiser la farine avec le sel.

2 Couper le beurre et la graisse végétale en petits morceaux; les incorporer à la farine avec un malaxeur.

3 Dès que les morceaux de beurre et de graisse sont enrobés de farine, ajouter l'eau et mélanger rapidement pour former une boule. Si la pâte ne colle pas bien ensemble, la renverser sur une surface de travail farinée et la pétrir plusieurs minutes.

4 Façonner en boule, envelopper dans du papier ciré et réfrigérer 1 heure.

5 Amener la pâte à température ambiante avant de l'abaisser.

La cuisson de la pâte à quiche

1 Les recettes de pâte à quiche de ce livre sont données pour des moules de 23 cm (9 po) de diamètre. Choisissez un moule à quiche cannelé à fond amovible. Il est aussi possible d'utiliser un moule carré de 23 cm (9 po) ou un moule rectangulaire de 23 cm sur 29 cm (9 po sur 13 po).

2 Abaissez la pâte à 3 mm (⅛ po) d'épaisseur, sur une surface de travail farinée.

3 La déposer dans le moule en la pressant contre le fond et les parois pour qu'elle y adhère bien. Couper l'excès de pâte à l'aide d'un rouleau à pâtisserie.

4 Foncer la pâte d'un papier ciré ou parcheminé. La remplir de poids à pâtisserie ou de haricots secs. Faire cuire 12 minutes dans un four préchauffé à 200 °C (400 °F).

5 Retirez le papier et les poids. Piquez le fond de la pâte avec une fourchette et laissez reposer au moins 5 minutes avant de la garnir. Suivez les indications de la recette pour terminer la cuisson.

6 Lorsque la quiche est prête, laissez-la reposer quelques minutes avant de la couper.

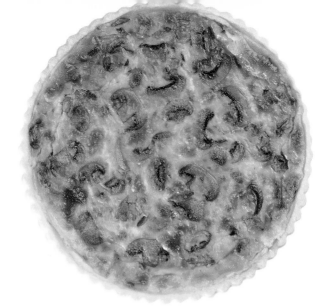

Quiche aux champignons
(4 portions)

1	abaisse de pâte à quiche	1
30 ml	beurre	2 c. à s.
1	échalote sèche, épluchée et hachée	1
225 g	champignons frais, nettoyés et tranchés	½ lb
45 ml	farine	3 c. à s.
250 ml	lait, chaud	1 tasse
60 ml	crème à 35 %	4 c. à s.
2	gros œufs, battus	2
250 ml	emmenthal râpé	1 tasse
1	pincée de muscade	1
	sel et poivre fraîchement moulu	

Préchauffer le four à 200 °C (400 °F).

1 Foncer la pâte d'un papier ciré ou parcheminé. La remplir de poids à pâtisserie ou de haricots secs. Faire cuire au four 12 minutes.

2 Retirer le papier et les poids de la pâte. Piquer le fond avec une fourchette et réserver.

3 Baisser la température du four à 190 °C (375 °F).

4 Faire chauffer le beurre dans une poêle, à feu moyen. Ajouter l'échalote et les champignons; bien assaisonner. Faire cuire 5 minutes, à feu vif.

5 Saupoudrer de farine et bien mélanger. Ajouter le lait, mélanger, puis incorporer la crème. Bien assaisonner et poursuivre la cuisson 4 minutes.

6 Enlever la poêle du feu et laisser tiédir le mélange. Incorporer les œufs. Ajouter le fromage et la muscade; mélanger.

7 Verser la préparation dans l'abaisse. Faire cuire au four 20 à 25 minutes.

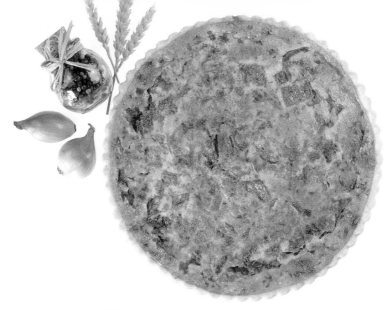

Quiche aux tomates et au gruyère
(4 portions)

30 ml	huile d'olive	2 c. à s.
2	échalotes sèches, épluchées et hachées	2
3	tomates, pelées, épépinées et hachées grossièrement	3
45 ml	basilic frais haché	3 c. à s.
300 ml	gruyère râpé	1 ¼ tasse
30 ml	parmesan râpé	2 c. à s.
3	gros œufs	3
1	gros jaune d'œuf	1
250 ml	crème à 35 %	1 tasse
	sel et poivre	
	paprika au goût	
	abaisse de pâte à quiche précuite	

Préchauffer le four à 190 °C (375 °F).

1 Faire chauffer l'huile dans une poêle, à feu moyen. Ajouter les échalotes, les tomates et le basilic. Bien assaisonner et faire cuire 8 minutes, à feu moyen. Retirer la poêle du feu et réserver.

2 Lorsque le mélange est refroidi, le verser dans l'abaisse. Ajouter les fromages et bien assaisonner. Ajouter du paprika au goût.

3 Mélanger les œufs et le jaune d'œuf avec la crème; bien assaisonner. Verser sur les fromages et faire cuire au four, 25 à 30 minutes.

Quiche au thon et aux tomates
(4 portions)

15 ml	huile d'olive	1 c. à s.
2	échalotes sèches, épluchées et hachées	2
2	tomates, pelées, épépinées et hachées	2
15 ml	persil frais haché	1 c. à s.
30 ml	beurre	2 c. à s.
30 ml	farine	2 c. à s.
250 ml	lait, chaud	1 tasse
3	gros œufs, battus	3
175 ml	fromage suisse râpé	¾ tasse
198 g	thon en conserve, égoutté et émietté	7 oz
	sel et poivre	
	paprika, au goût	
	abaisse de pâte à quiche précuite	

Préchauffer le four à 190 °C (375 °F).

1 Faire chauffer l'huile dans une poêle, à feu moyen. Ajouter les échalotes et les tomates; bien assaisonner. Monter le feu à vif et faire cuire 8 minutes. Incorporer le persil, retirer la poêle du feu et laisser refroidir le mélange.

2 Dans une casserole, à feu moyen, faire chauffer le beurre. Saupoudrer de farine et bien mélanger. Incorporer le lait en fouettant. Assaisonner, ajouter le paprika et faire cuire 6 minutes, à feu doux. Retirer la casserole du feu.

3 À la sauce blanche refroidie, au fouet, incorporer les œufs et le fromage. Rectifier l'assaisonnement.

4 Répartir uniformément le thon dans l'abaisse. Ajouter les tomates, puis la sauce blanche. Faire cuire au four 20 à 30 minutes.

Quiche aux oignons et au fromage
(4 portions)

30 ml	beurre	2 c. à s.
5	oignons, épluchés et émincés finement	5
5 ml	sucre	1 c. à t.
15 ml	estragon frais haché	1 c. à s.
15 ml	persil frais haché	1 c. à s.
250 ml	emmenthal râpé	1 tasse
3	gros œufs	3
1	gros jaune d'œuf	1
250 ml	crème à 15 %	1 tasse
1	abaisse de quiche précuite	1
1	pincée de poivre de Cayenne	1
1	pincée de muscade	1
	sel et poivre	

Préchauffer le four à 190°C (375 °F).

1 Faire chauffer le beurre dans une poêle, à feu moyen. Ajouter les oignons, bien assaisonner et faire cuire 25 minutes, à feu doux. Les oignons ne doivent pas brûler. Remuer 6 fois pendant la cuisson.

2 Ajouter le sucre et tous les assaisonnements; bien mélanger. Poursuivre la cuisson 4 à 5 minutes, en remuant une fois.

3 Verser les oignons dans l'abaisse; couvrir de fromage.

4 Mélanger les œufs et le jaune d'œuf avec la crème; bien assaisonner. Verser sur le fromage et faire cuire au four, 25 à 30 minutes.

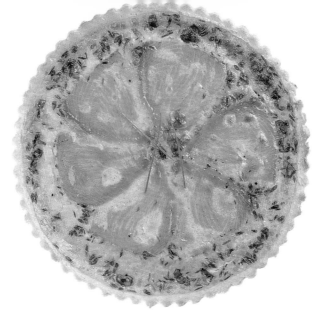

Quiche au saumon fumé
(4 portions)

6	tranches de saumon fumé	6
125 ml	emmenthal râpé	½ tasse
125 ml	gruyère râpé	½ tasse
15 ml	basilic frais haché	1 c. à s.
15 ml	ciboulette fraîche hachée	1 c. à s.
3	gros œufs	3
1	gros jaune d'œuf	1
250 ml	crème à 35 %	1 tasse
1	abaisse de pâte à quiche précuite	1
	sel et poivre fraîchement moulu	
	poivre de Cayenne, au goût	

Préchauffer le four à 190 °C (375 °F).

1 Plier chaque tranche de saumon en deux et les placer dans l'abaisse. Couvrir des fromages et des fines herbes; poivrer.

2 Mélanger les œufs et le jaune d'œuf avec la crème; bien assaisonner. Ajouter le poivre de Cayenne au goût. Verser sur les fromages et faire cuire au four, 25 à 30 minutes.

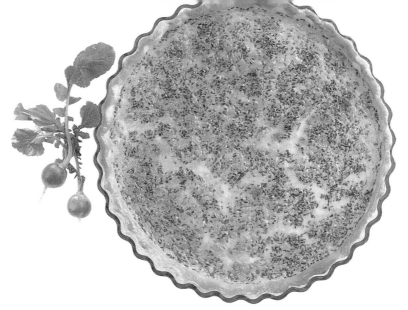

Quiche lorraine
(4 portions)

6	tranches de bacon cuites croustillantes, hachées	6
125 ml	parmesan râpé	½ tasse
150 g	emmenthal, coupé en dés	⅓ lb
3	gros œufs	3
1	gros jaune d'œuf	1
250 ml	crème à 15 %	1 tasse
30 ml	ciboulette fraîche hachée	2 c. à s.
15 ml	basilic frais haché	1 c. à s.
	abaisse de pâte à quiche précuite	
	sel et poivre fraîchement moulu	

Préchauffer le four à 190 °C (375 °F).

1 Répartir uniformément le bacon dans l'abaisse. Parsemer de parmesan et d'emmenthal. Assaisonner généreusement.

2 Mélanger les œufs et le jaune d'œuf avec la crème; bien assaisonner. Ajouter les fines herbes et mélanger. Verser sur les fromages et faire cuire au four, 25 à 30 minutes.

Quiche aux tomates et à la saucisse

(4 portions)

1	abaisse de pâte à quiche	1
30 ml	beurre	2 c. à s.
3	oignons, épluchés et émincés finement	3
225 g	champignons frais, nettoyés et émincés	½ lb
2	gousses d'ail, épluchées, écrasées et hachées	2
15 ml	huile d'olive	1 c. à s.
2	grosses saucisses, coupées en rondelles de 5 mm (¼ po) d'épaisseur	2
250 ml	gruyère râpé	1 tasse
4	grosses tomates, coupées en rondelles de 8 mm (⅓ po) d'épaisseur	4
5 ml	huile d'olive	1 c. à t.
	sel et poivre fraîchement moulu	

Préchauffer le four à 200 °C (400 °F).

1 Foncer la pâte de papier ciré ou de papier parcheminé. Remplir de poids à pâtisserie ou de haricots secs. Faire cuire au four 15 minutes.

2 Retirer le papier et les poids de la pâte. Piquer le fond de la pâte avec une fourchette et réserver.

3 Baisser la température du four à 190 °C (375 °F).

4 Faire chauffer le beurre à feu moyen, dans une poêle. Ajouter les oignons, bien assaisonner et faire cuire 14 minutes, à feu doux.

5 Incorporer les champignons et l'ail. Poursuivre la cuisson 5 minutes. Verser le contenu de la poêle dans un bol et réserver.

6 Remettre la poêle sur le feu et y faire chauffer 15 ml (1 c. à s.) d'huile d'olive. Ajouter les saucisses et faire cuire 4 minutes. Poivrer.

7 Remplir l'abaisse de couches d'oignons, de fromage, de saucisses et de tomates. Arroser avec le reste d'huile d'olive.

8 Faire cuire au four, 18 à 20 minutes.

Faire chauffer le beurre dans une poêle, à feu moyen. Ajouter les oignons, bien assaisonner et faire cuire 14 minutes, à feu doux.

Incorporer les champignons et l'ail. Poursuivre la cuisson 5 minutes. Verser le contenu de la poêle dans un bol et réserver.

Remettre la poêle sur le feu et y faire chauffer 15 ml (1 c. à s.) d'huile d'olive. Ajouter les saucisses et faire cuire 4 minutes.

Remplir l'abaisse de couches d'oignons et de fromage.

Ajouter une couche de saucisses et une couche de tomates.

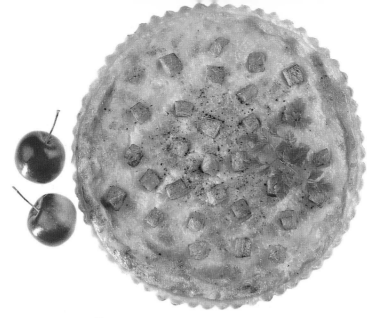

Quiche aux pommes et au bacon
(4 portions)

30 ml	beurre	2 c. à s.
5	tranches de bacon de dos, en petits morceaux	5
3	pommes, évidées, épluchées et coupées en dés	3
250 ml	fromage suisse râpé	1 tasse
3	gros œufs	3
1	gros jaune d'œuf	1
250 ml	crème à 35 %	1 tasse
1	pincée de muscade	1
1	pincée de paprika	1
	sel et poivre	
	abaisse de pâte à quiche précuite	

Préchauffer le four à 190 °C (375 °F).

1 Faire chauffer le beurre dans une poêle, à feu moyen. Y faire cuire le bacon 3 minutes, à feu vif. Ajouter les pommes et poursuivre la cuisson 5 minutes.

2 Laisser refroidir le mélange, puis le verser dans l'abaisse. Couvrir de fromage et assaisonner de sel, de poivre, de muscade et de paprika.

3 Mélanger les œufs et le jaune d'œuf avec la crème; bien assaisonner. Verser sur le fromage et faire cuire au four, 25 à 30 minutes.

Quiche aux haricots verts et au fromage de chèvre

(4 portions)

450 g	haricots verts frais, parés	1 lb
15 ml	beurre	1 c. à s.
2	échalotes sèches, épluchées et hachées	2
3	gros œufs	3
1	gros jaune d'œuf	1
250 ml	crème à 35 %	1 tasse
90 g	fromage de chèvre, en morceaux	3 oz
1	abaisse de pâte à quiche précuite	1
	sel et poivre	

Préchauffer le four à 190 °C (375 °F).

1 Faire cuire les haricots 10 minutes dans de l'eau bouillante salée. Bien les égoutter et réserver.

2 Faire chauffer le beurre dans une poêle, à feu moyen. Ajouter les échalotes sèches et les haricots verts; faire cuire 3 minutes.

3 Mettre les haricots verts dans l'abaisse et bien assaisonner.

4 Mélanger les œufs et le jaune d'œuf avec la crème et le fromage de chèvre; bien assaisonner. Verser sur les haricots et faire cuire au four, 25 à 30 minutes.

Quiche à la suisse
(4 portions)

30 ml	beurre	2 c. à s.
30 ml	farine	2 c. à s.
375 ml	lait, chaud	1½ tasse
1	petit oignon, épluché et piqué de clous de girofle	1
50 ml	crème à 35 %	¼ tasse
3	gros œufs	3
250 ml	gruyère râpé	1 tasse
1	pincée de muscade	1
	sel et poivre	
	abaisse de pâte à quiche précuite	

Préchauffer le four à 190 °C (375 °F).

1 Faire chauffer le beurre dans une casserole, à feu moyen. Saupoudrer de farine et bien mélanger. En fouettant, incorporer le lait. Assaisonner et ajouter l'oignon piqué de clous de girofle. Faire cuire 8 minutes, à feu doux, en remuant de temps à autre.

2 Ajouter la crème et poursuivre la cuisson 3 minutes. Verser le contenu de la poêle dans un bol et réserver pour faire refroidir. Jeter l'oignon.

3 Bien incorporer les œufs au mélange liquide. Incorporer le fromage, assaisonner généreusement et ajouter une pincée de muscade.

4 Verser dans l'abaisse et faire cuire au four 30 minutes ou jusqu'à ce que la quiche soit dorée.

Quiche au salami épicé et aux deux fromages
(4 portions)

10	tranches de salami italien épicé, coupées en julienne	10
30 ml	persil frais haché	2 c. à s.
250 ml	gruyère râpé	1 tasse
50 ml	parmesan râpé	¼ tasse
3	gros œufs	3
1	gros jaune d'œuf	1
250 ml	crème à 15 %	1 tasse
	abaisse de pâte à quiche précuite	
	sel et poivre fraîchement moulu	

Préchauffer le four à 190 °C (375 °F).

1 Répartir uniformément le salami dans l'abaisse. Parsemer de persil et couvrir des fromages.

2 Mélanger les œufs et le jaune d'œuf avec la crème; bien assaisonner. Verser sur les fromages et faire cuire au four, 25 à 30 minutes.

Quiche au crabe et aux crevettes
(4 portions)

15 ml	beurre	1 c. à s.
2	échalotes sèches, épluchées et hachées	2
225 g	chair de crabe fraîche	½ lb
4	crevettes fraîches, épluchées, déveinées et coupées en dés	4
15 ml	basilic frais haché	1 c. à s.
15 ml	persil frais haché	1 c. à s.
30 ml	madère	2 c. à s.
250 ml	gruyère râpé	1 tasse
3	gros œufs	3
1	gros jaune d'œuf	1
250 ml	crème à 35 %	1 tasse
1	pincée de poivre de Cayenne	1
1	pincée de muscade	1
	sel et poivre	
	abaisse de pâte à quiche précuite	

1 Faire chauffer le beurre dans une poêle, à feu vif. Ajouter les échalotes sèches, la chair de crabe et les crevettes. Bien assaisonner et faire cuire 2 minutes.

2 Ajouter les fines herbes et le madère. Poursuivre la cuisson 1 minute, à feu vif.

3 Verser le mélange dans l'abaisse et l'étaler uniformément. Couvrir de fromage et assaisonner de poivre de Cayenne et de muscade.

4 Mélanger les œufs et le jaune d'œuf avec la crème; bien assaisonner. Verser sur le fromage et faire cuire au four, 25 à 30 minutes.

Quiche au homard

(4 portions)

15 ml	beurre	1 c. à s.
375 ml	chair de homard cuite, coupée en cubes	1½ tasse
1	échalote sèche, épluchée et hachée	1
15 ml	persil frais haché	1 c. à s.
375 ml	gruyère râpé	1½ tasse
2	gros œufs	2
1	gros jaune d'œuf	1
250 ml	crème à 35 %	1 tasse
	sel et poivre	
	abaisse de pâte à quiche précuite	
	poivre de Cayenne, au goût	

Préchauffer le four à 190 °C (375 °F).

1 Faire chauffer le beurre dans une poêle, à feu moyen. Ajouter le homard, l'échalote et le persil. Assaisonner et faire cuire 2 minutes.

2 Laisser refroidir, puis verser le mélange dans l'abaisse. Ajouter le fromage et bien assaisonner. Saupoudrer de poivre de Cayenne.

3 Mélanger les œufs et le jaune d'œuf avec la crème; bien assaisonner. Verser sur le fromage et faire cuire au four, 25 à 30 minutes.

Quiche aux moules et au gruyère
(4 portions)

900 g	moules fraîches, grattées et lavées	2 lb
60 ml	beurre	4 c. à s.
30 ml	persil frais haché	2 c. à s.
2	échalotes sèches, épluchées et hachées	2
125 ml	vin blanc sec	½ tasse
30 ml	farine	2 c. à s.
125 ml	crème à 35 %	½ tasse
375 ml	gruyère râpé	1 ½ tasse
	brins de thym frais	
	sel et poivre fraîchement moulu	
	abaisse de pâte à quiche précuite	

Préchauffer le four à 220 °C (425 °F).

1 Dans une casserole, mettre les moules, la moitié du beurre et du persil, les échalotes, le vin et le thym. Poivrer.

2 Couvrir et amener à ébullition. Faire cuire les moules à feu doux, jusqu'à ce que les coquilles s'ouvrent, environ 5 minutes. Remuer une fois pendant la cuisson.

3 Retirer les moules de la casserole et jeter celles qui sont restées fermées. Détacher les moules de leur coquille et réserver. Filtrer le liquide de cuisson à travers une passoire foncée d'une mousseline, placée sur une petite casserole. Faire réduire le liquide filtré 3 minutes, à feu vif, pour en obtenir 250 ml (1 tasse). Réserver.

4 Dans une autre casserole, à feu moyen, faire chauffer le reste du beurre. Parsemer de la farine et bien mélanger. Faire cuire 30 secondes.

5 Incorporer le liquide réduit et la crème. Bien mélanger et assaisonner généreusement. Incorporer le reste du persil.

6 Étaler le fromage dans l'abaisse. Ajouter les moules, puis verser le mélange liquide. Faire cuire au four, 12 minutes.

Dans une casserole, mettre les moules, la moitié du beurre et du persil, les échalotes, le vin et le thym. Faire cuire les moules à feu doux jusqu'à ce que les coquilles s'ouvrent, 5 minutes.

Filtrer le liquide de cuisson à travers une passoire foncée d'une mousseline, placée sur une petite casserole.

Dans une autre casserole, à feu moyen, faire chauffer le reste du beurre. Saupoudrer de farine et bien mélanger. Faire cuire 30 secondes.

Incorporer le liquide réduit et la crème. Bien mélanger et assaisonner généreusement.

Étaler le fromage dans l'abaisse. Ajouter les moules et verser le mélange liquide.

Quiche au saumon et aux œufs durs
(4 portions)

225 g	saumon cuit, émietté	8 oz
2	œufs durs, tranchés	2
2	gros œufs	2
1	gros jaune d'œuf	1
250 ml	crème à 15 %	1 tasse
125 ml	gruyère râpé	½ tasse
1	abaisse de pâte à quiche précuite	1
	sel et poivre fraîchement moulu	
	paprika, au goût	

Préchauffer le four à 190°C (375 °F).

1 Répartir uniformément dans l'abaisse le saumon émietté et les œufs durs tranchés. Assaisonner et saupoudrer de paprika.

2 Mélanger les œufs et le jaune d'œuf avec la crème; bien assaisonner.

3 Verser dans l'abaisse et ajouter le fromage. Faire cuire au four, 25 à 30 minutes.

Quiche aux palourdes et au bacon
(4 portions)

1	abaisse de pâte à quiche	1
15 ml	beurre	1 c. à s.
1	oignon, épluché et haché	1
375 ml	palourdes fraîches, écaillées, hachées et bien égouttées	1½ tasse
6	tranches de bacon cuites, croustillantes, en petits morceaux	6
50 ml	parmesan râpé	¼ tasse
250 ml	gruyère râpé	1 tasse
3	gros œufs	3
1	gros jaune d'œuf	1
250 ml	crème à 35 %	1 tasse
15 ml	persil frais haché	1 c. à s.
	œuf battu dans du lait	
	sel et poivre fraîchement moulu	
	poivre de Cayenne, au goût	

Préchauffer le four à 200 °C (400 °F).

1 Foncer l'abaisse d'un papier ciré ou parcheminé. Remplir de poids à pâtisserie ou de haricots secs. Faire cuire au four, 10 minutes.

2 Retirer le papier et les poids. Piquer le fond de l'abaisse avec une fourchette et badigeonner d'œuf battu dans du lait. Remettre au four et faire cuire 5 minutes. Sortir du four et réserver.

3 Faire chauffer le beurre dans une poêle, à feu moyen. Ajouter l'oignon et faire cuire 3 minutes. Laisser refroidir, puis verser dans l'abaisse précuite.

4 Ajouter dans l'abaisse les palourdes hachées, le bacon et les fromages. Bien poivrer.

5 Mélanger les œufs et le jaune d'œuf avec la crème; bien assaisonner. Ajouter le persil et le poivre de Cayenne; mélanger de nouveau. Verser sur les fromages et faire cuire la quiche au four, 25 à 30 minutes.

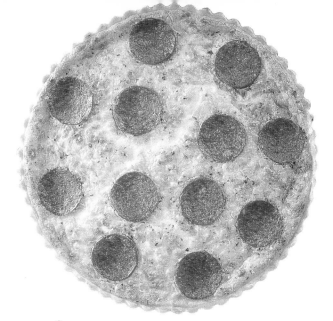

Quiche au jambon et au pepperoni
(4 portions)

4	tranches de jambon cuit, coupées en julienne	4
12	tranches de pepperoni	12
375 ml	mozzarella râpée	1½ tasse
15 ml	cerfeuil frais haché	1 c. à s.
3	gros œufs	3
1	gros jaune d'œuf	1
250 ml	crème à 15 %	1 tasse
	abaisse de pâte à quiche précuite	
	sel et poivre fraîchement moulu	

Préchauffer le four à 190 °C (375 °F).

1 Étaler uniformément dans l'abaisse le jambon en julienne et les tranches de pepperoni. Couvrir de fromage et parsemer de cerfeuil.

2 Mélanger les œufs et le jaune d'œuf avec la crème; bien assaisonner. Verser sur le fromage et faire cuire au four, 25 à 30 minutes. Garnir de tranches de pepperoni, si désiré.

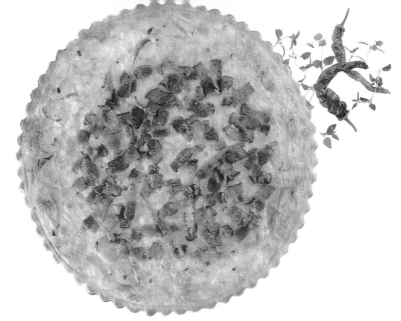

Quiche aux poireaux et au bacon
(4 portions)

4	blancs de poireaux	4
30 ml	beurre	2 c. à s.
6	tranches de bacon cuites, croustillantes, hachées	6
4	gros œufs	4
250 ml	crème à 35 %	1 tasse
250 ml	emmenthal râpé	1 tasse
1	pincée de muscade	1
	abaisse de pâte à quiche précuite	
	sel et poivre fraîchement moulu	

Préchauffer le four à 190 °C (375 °F).

1 Fendre les poireaux en quatre jusqu'à 2,5 cm (1 po) de la base. Bien les laver sous l'eau froide. Égoutter et émincer.

2 Faire chauffer le beurre dans une poêle, à feu moyen. Ajouter les poireaux, assaisonner et faire cuire 12 minutes ou jusqu'à ce qu'ils soient ramollis. Retirer les poireaux de la poêle, bien les égoutter et les laisser tiédir un peu.

3 Étaler les poireaux dans l'abaisse. Parsemer de bacon et bien assaisonner.

4 Mélanger les œufs avec la crème; bien assaisonner. Verser sur les poireaux et couvrir de fromage. Saupoudrer de muscade et faire cuire au four, 25 à 30 minutes. Garnir de bacon émietté avant de servir, si désiré.

Quiche aux poivrons grillés
(4 portions)

3	gros poivrons rouges	3
½	piment jalapeño, épépiné et haché	½
125 ml	emmenthal râpé	½ tasse
125 ml	gruyère râpé	½ tasse
3	gros œufs	3
1	gros jaune d'œuf	1
250 ml	crème à 35 %	1 tasse
	abaisse de pâte à quiche précuite	
	sel et poivre	

1 Couper les poivrons en deux et les épépiner. Huiler la peau et les placer sur une plaque à pâtisserie, le côté coupé vers le bas; faire griller au four 15 à 20 minutes. Sortir du four et laisser refroidir. Peler les poivrons. Au robot culinaire, réduire en purée la chair des poivrons et le piment jalapeño. Bien assaisonner.

2 Préchauffer le four à 190 °C (375 °F).

3 Verser la purée de poivrons dans l'abaisse. Couvrir des fromages.

4 Mélanger les œufs et le blanc d'œuf avec la crème; bien assaisonner. Verser sur les fromages et faire cuire au four, 25 à 30 minutes.

Quiche au bacon et au cheddar fort
(4 portions)

30 ml	beurre	2 c. à s.
4	oignons, épluchés et émincés	4
6	tranches de bacon cuites, croustillantes, hachées	6
15 ml	persil frais haché	1 c. à s.
75 ml	gruyère râpé	⅓ tasse
50 ml	cheddar fort râpé	¼ tasse
3	gros œufs	3
1	gros jaune d'œuf	1
250 ml	crème à 15 %	1 tasse
	sel et poivre fraîchement moulu	
	abaisse de pâte à quiche précuite	

Préchauffer le four à 190 °C (375 °F).

1 Faire chauffer le beurre dans une poêle, à feu moyen. Ajouter les oignons et bien assaisonner; faire cuire 16 minutes, à feu doux. Faire attention de ne pas laisser brûler les oignons.

2 Répartir les oignons dans l'abaisse. Ajouter le bacon, le persil et les fromages.

3 Mélanger les œufs et le jaune d'œuf avec la crème; bien assaisonner. Verser sur les fromages et faire cuire au four, 25 à 30 minutes.

Quiche aux aubergines
(4 portions)

1	grosse aubergine	1
30 ml	huile d'olive	2 c. à s.
1	oignon, épluché et haché	1
15 ml	basilic frais haché	1 c. à s.
15 ml	persil frais haché	1 c. à s.
½	piment jalapeño, épépiné et haché	½
75 ml	parmesan râpé	⅓ tasse
125 ml	fromage suisse râpé	½ tasse
3	gros œufs	3
175 ml	crème à 15 %	¾ tasse
	sel et poivre fraîchement moulu	
	abaisse de pâte à quiche précuite	

Préchauffer le four à 200 °C (400 °F).

1 Couper l'aubergine en deux, dans le sens de la longueur. Entailler la chair en croisillons avec un couteau et la badigeonner d'huile d'olive. Déposer sur une plaque à pâtisserie, le côté coupé vers le bas. Faire cuire au four 40 minutes. À l'aide d'une cuillère, retirer la chair de l'écorce, la hacher et réserver.

2 Faire chauffer le reste de l'huile dans une poêle, à feu moyen. Y faire cuire l'oignon 4 minutes. Ajouter la chair d'aubergine, les fines herbes et le piment jalapeño. Bien assaisonner et faire cuire 16 minutes, à feu vif, pour permettre au liquide de cuisson de s'évaporer.

3 Verser le mélange à l'aubergine dans l'abaisse et couvrir des fromages.

4 Mélanger les œufs avec la crème; bien assaisonner. Verser sur les fromages et faire cuire au four, 25 à 30 minutes.

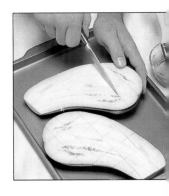

Couper l'aubergine en deux, dans le sens de la longueur. Entailler la chair en croisillons et la badigeonner d'huile d'olive.

Retirer la chair de l'écorce, la hacher et réserver.

Dans une poêle, à feu moyen, faire chauffer l'huile. Y faire cuire l'oignon 4 minutes. Ajouter la chair d'aubergine, les fines herbes et le piment jalapeño.

Verser le mélange à l'aubergine dans l'abaisse et couvrir des fromages.

Mélanger les œufs avec la crème; bien assaisonner et verser sur les fromages.

Quiche à la florentine
(4 portions)

2	paquets d'épinards frais	2
30 ml	beurre	2 c. à s.
2	échalotes sèches, épluchées et hachées	2
250 ml	gruyère râpé	1 tasse
2	gros œufs	2
1	gros jaune d'œuf	1
250 ml	crème à 15 %	1 tasse
1	abaisse de pâte à quiche précuite	1
	sel et poivre	

Préchauffer le four à 190 °C (375 °F).

1 Équeuter les épinards, bien les laver sous l'eau froide, puis les faire cuire couverts pendant 3 minutes, dans une petite quantité d'eau bouillante. Les verser dans une passoire et les presser avec le dos d'une cuillère pour en exprimer toute l'eau. Hacher et réserver.

2 Faire chauffer le beurre dans une poêle, à feu moyen. Ajouter les échalotes et les épinards hachés. Bien assaisonner et faire cuire 4 minutes.

3 Verser le mélange aux épinards dans l'abaisse et couvrir de fromage.

4 Mélanger les œufs et le jaune d'œuf avec la crème. Verser sur le fromage. Bien poivrer. Faire cuire au four, 25 à 30 minutes.

Quiche aux courgettes et au zeste de citron
(4 portions)

30 ml	beurre	2 c. à s.
2	courgettes de taille moyenne, coupées en dés	2
15 ml	basilic frais haché	1 c. à s.
5 ml	zeste de citron râpé	1 c. à t.
1	poivron jaune, coupé en petits dés	1
300 ml	gruyère râpé	1 ¼ tasse
3	gros œufs	3
1	gros jaune d'œuf	1
250 ml	crème à 35 %	1 tasse
1	abaisse de pâte à quiche précuite	1
	sel et poivre	

Préchauffer le four à 190 °C (375 °F).

1 Faire chauffer le beurre dans une poêle, à feu moyen. Ajouter les courgettes, le basilic, le zeste de citron et le poivron. Bien assaisonner et faire cuire 6 minutes.

2 Retire la poêle du feu et laisser le mélange refroidir. Verser ensuite dans la quiche et couvrir de fromage.

3 Mélanger les œufs et le jaune d'œuf avec la crème; bien assaisonner. Verser sur le fromage et faire cuire au four, 25 à 30 minutes.

Pâte à crêpes de base
(14 à 16 crêpes)

250 ml	farine tout usage, tamisée	1 tasse
1 ml	sel	¼ c. à t.
5 ml	vanille	1 c. à t.
3	gros œufs, légèrement battus	3
500 ml	lait	2 tasses
45 ml	beurre fondu	3 c. à s.

1 Dans un bol, tamiser la farine avec le sel.

2 En fouettant, incorporer la vanille aux œufs battus. Verser sur la farine et bien mélanger avec une cuillère en bois.

3 Sans cesser de fouetter, incorporer le lait, puis le beurre.

4 Filtrer la pâte à travers une passoire posée sur un bol. Couvrir le bol d'une pellicule de plastique de sorte qu'elle touche la surface de la pâte et réfrigérer 2 heures.

5 Amener la pâte à température ambiante avant de l'utiliser.

Conseils :

•

Il est plus facile de réussir des crêpes en utilisant une crêpière.
Celle-ci peut être remplacée par une petite poêle ayant un petit rebord.

•

Toujours s'assurer que la pâte à crêpes est à température ambiante
avant de l'utiliser.

•

Plus vous en ferez, mieux vous les réussirez. Une crêpe bien réussie
doit être fine et d'une texture homogène.

•

Le degré de température pour la cuisson des crêpes est très important.
Il doit être ajusté sans cesse tout au long de la cuisson.
La crêpière ne devrait pas être assez chaude pour faire brûler le beurre.

•

Tenir un bol rempli de beurre ramolli à portée de la main
et utiliser une feuille de papier absorbant pour enduire rapidement
la crêpière de beurre. La quantité de beurre à ajouter
et le moment d'en ajouter varieront pendant la cuisson.

•

Pour réfrigérer les crêpes pendant un certain temps, placer une feuille
de papier ciré entre chacune d'elles lorsque vous les empilez.

•

Les crêpes se gardent plusieurs jours au réfrigérateur.

Comment faire des crêpes

Faire chauffer la crê-pière à feu moyen. Ensuite, la badigeonner de beurre non salé à l'aide d'une feuille de papier absorbant. Verser tout excès de beurre.

Remettre la poêle à feu moyen et y verser une louche de pâte à crêpes. Tenir la poêle au-dessus du feu et la faire tourner pour permettre à la pâte d'en couvrir uniformément la surface. Pencher la poêle à un angle de 90° et verser l'excédent de pâte dans le bol.

Remettre la poêle sur le feu et faire cuire la crêpe à feu moyen-vif jusqu'à ce qu'elle soit dorée. À l'aide d'une longue spatule, retourner la crêpe avec précaution et faire cuire l'autre côté.

Ôter la poêle du feu et faire glisser la crêpe dans une grande assiette. Empiler les crêpes dans l'assiette à mesure qu'elles sont cuites.

Beurrer de nouveau la crêpière et faire cuire une autre crêpe suivant le même procédé.

Pâte à crêpes fines
(16 à 18 crêpes)

750 ml	lait	3 tasses
500 ml	farine tout usage, tamisée	2 tasses
6 ml	sel	1 ¼ c. à t.
4	gros œufs	4
45 ml	beurre ramolli	3 c. à s.

1 Dans une casserole, faire bouillir le lait 3 minutes. Le filtrer à travers une passoire posée sur une tasse à mesurer.

2 Dans un bol, tamiser la farine avec le sel. Ajouter les œufs et bien mélanger avec une cuillère en bois.

3 Incorporer le lait chaud et fouetter vigoureusement. Incorporer le beurre.

4 Filtrer la pâte à travers une passoire posée sur un bol. Couvrir le bol d'une pellicule de plastique de sorte qu'elle touche à la surface de la pâte. Réfrigérer 2 heures.

5 Amener la pâte à température ambiante avant de l'utiliser.

Pâte à crêpes aux fines herbes
(16 à 18 crêpes)

250 ml	farine tout usage	1 tasse
2 ml	sel	½ c. à t.
3	gros œufs	3
250 ml	lait	1 tasse
60 ml	beurre fondu	4 c. à s.
30 ml	ciboulette fraîche hachée	2 c. à s.
15 ml	persil frais haché	1 c. à s.
15 ml	estragon frais haché	1 c. à s.

1 Dans un bol, tamiser la farine avec le sel.

2 Ajouter les œufs et mélanger avec une cuillère en bois. Au fouet, incorporer le lait, puis le beurre.

3 Filtrer la pâte à travers une passoire posée sur un bol. Incorporer les fines herbes et couvrir d'une pellicule de plastique de sorte qu'elle touche la surface de la pâte. Réfrigérer 1 heure.

4 Avant d'utiliser, amener la pâte à température ambiante.

Pâte à crêpes au sarrasin
(14 crêpes)

375 ml	farine de sarrasin	1½ tasse
2 ml	sel	½ c. à t.
175 ml	farine de maïs	¾ tasse
3	gros œufs, battus	3
625 ml	lait	2½ tasses
45 ml	beurre fondu	3 c. à s.

1 Dans un bol, tamiser la farine de sarrasin avec le sel et la farine de maïs.

2 Ajouter les œufs battus et bien mélanger avec une cuillère en bois. Incorporer le lait en fouettant.

3 Incorporer le beurre fondu. Filtrer la pâte à travers une passoire posée sur un bol. Couvrir d'une pellicule de plastique de sorte qu'elle touche la surface de la pâte et réfrigérer 2 heures.

4 Amener la pâte à température ambiante avant de l'utiliser.

Pâte à crêpes sucrée
(16 à 18 crêpes)

500 ml	farine tout usage tamisée	2 tasses
1	pincée de sel	1
125 ml	sucre à fruits	½ tasse
4	gros œufs	4
5 ml	vanille	1 c. à t.
500 ml	lait	2 tasses
45 ml	kirsch	3 c. à s.
60 ml	beurre fondu	4 c. à s.

1 Dans un bol, tamiser la farine avec le sel. Y mélanger le sucre. Incorporer les œufs et bien mélanger avec une cuillère en bois.

2 Mélanger la vanille avec le lait; incorporer aux ingrédients secs en fouettant.

3 Ajouter le kirsch et le beurre; bien mélanger. Filtrer la pâte à travers une passoire posée sur un bol. Couvrir d'une pellicule de plastique de sorte qu'elle touche à la surface de la pâte et réfrigérer 2 heures.

4 Amener la pâte à température ambiante avant de l'utiliser.

Crêpes farcies au fromage bleu et aux noix

(4 à 6 crêpes farcies)

250 ml	fromage bleu, émietté	I tasse
45 ml	beurre ramolli	3 c. à s.
6	noix de Grenoble	6
	poivre fraîchement moulu	
	poivre de Cayenne	
	quelques gouttes de sauce Worcestershire	
	crêpes	

1 Au robot culinaire, mélanger le fromage, le beurre, les noix et tous les assaisonnements, jusqu'à ce que la préparation soit lisse. Rectifier l'assaisonnement.

2 Étaler une mince couche de garniture au fromage sur chaque crêpe. Rouler la crêpe, l'envelopper dans une feuille de papier ciré et attacher avec une ficelle. Réfrigérer 30 minutes.

3 Couper les crêpes en morceaux de 2 cm (¾ po) de long. Disposer dans un plat de service et servir avec l'apéritif.

Crêpes au prosciutto et au melon
(4 à 6 portions)

60 ml	beurre ramolli	4 c. à s.
5 ml	moutarde forte	1 c. à t.
12	crêpes	12
12	fines tranches de prosciutto	12
36	boules de melon	36
	poivre fraîchement moulu	

1 Mélanger le beurre avec la moutarde. En badigeonner les crêpes et les couvrir de prosciutto. Rouler, puis envelopper chacune d'elles dans du papier ciré et attacher avec une ficelle. Réfrigérer 30 minutes.

2 Couper les crêpes en morceaux de 2 cm (¾ po) de long. Enfiler les boules de melon et les morceaux de crêpe sur des curedents. Disposer dans un plat de service et servir avec l'apéritif.

Crêpes au thon et aux olives
(4 à 6 portions)

15 ml	huile d'olive	1 c. à s.
3	oignons verts, hachés	3
2	gousses d'ail, épluchées, écrasées et hachées	2
3	tomates, pelées, épépinées et hachées	3
30 ml	basilic frais haché	2 c. à s.
24	olives noires dénoyautées marinées, hachées	24
198 g	thon en conserve, égoutté et émietté	7 oz
15 ml	persil frais haché	1 c. à s.
8	crêpes	8
75 ml	parmesan râpé	⅓ tasse
	sel et poivre fraîchement moulu	

Préchauffer le four à 200 °C (400 °F).

1 Faire chauffer l'huile dans une poêle, à feu vif. Ajouter les oignons verts et l'ail; faire cuire 2 minutes.

2 Ajouter les tomates et le basilic; bien mélanger. Faire cuire 12 minutes, à feu moyen.

3 Incorporer les olives, le thon et le persil. Faire mijoter 1 minute. Farcir les crêpes de la préparation, les rouler, puis les disposer dans un plat allant au four. Parsemer de fromage et faire cuire au four 8 minutes.

Crêpes aux crevettes au curry et au miel

(4 portions)

50 ml	miel	¼ tasse
15 ml	poudre de curry	1 c. à s.
5 ml	moutarde forte	1 c. à t.
350 g	crevettes fraîches, décortiquées, déveinées et coupées en trois	¾ lb
15 ml	huile d'olive	1 c. à s.
4	crêpes	4
250 ml	gruyère râpé	1 tasse
	sel et poivre	
	jus de citron	

Préchauffer le four à 200 °C (400 °F).

1 Mélanger le miel, la poudre de curry, le sel, le poivre et le jus de citron. Ajouter les crevettes et bien mélanger.

2 Faire chauffer l'huile dans une poêle, à feu moyen. Ajouter les crevettes et faire sauter 2 minutes, à feu vif.

3 Farcir les crêpes de la préparation, les rouler, puis les disposer dans un plat allant au four. Couvrir de fromage et faire cuire au four, 4 minutes. Servir.

Crêpes farcies aux crevettes et aux champignons

(4 portions)

45 ml	beurre	3 c. à s.
225 g	crevettes fraîches, décortiquées et déveinées	½ lb
225 g	champignons frais, nettoyés et coupés en deux	½ lb
2	échalotes sèches, épluchées et finement hachées	2
15 ml	estragon frais haché	I c. à s.
30 ml	farine	2 c. à s.
250 ml	lait, chaud	I tasse
125 ml	gruyère râpé	½ tasse
8	crêpes	8
	sel et poivre fraîchement moulu	
	parmesan (facultatif)	

1 Faire chauffer le beurre dans une poêle, à feu moyen. Y faire sauter les crevettes 2 à 3 minutes. Retirer les crevettes de la poêle et réserver.

2 Dans la poêle, mettre les champignons, les échalotes et l'estragon. Bien assaisonner et poursuivre la cuisson 4 minutes.

3 Baisser le feu à doux. Saupoudrer le mélange de farine et bien mélanger. Faire cuire I minute. Incorporer le lait et bien assaisonner. Mélanger et faire cuire 6 minutes, à feu doux.

4 Incorporer les crevettes et le fromage. Répartir le mélange entre les crêpes, les rouler, puis les disposer dans un plat allant au four. Parsemer de parmesan, si désiré. Faire gratiner au four 2 minutes et servir.

Crêpes à la hongroise
(4 portions)

450 g	épinards frais	1 lb
60 ml	beurre	4 c. à s.
1	grosse échalote sèche, épluchée et hachée	1
2	tomates, pelées, épépinées et hachées	2
2	œufs durs, tranchés	2
8	crêpes (à la farine de sarrasin, si désiré)	8
125 ml	parmesan râpé	½ tasse
	sel et poivre fraîchement moulu	

Préchauffer le four à 200 °C (400 °F).

1 Équeuter les épinards. Bien laver les feuilles et les faire cuire dans 125 ml (½ tasse) d'eau bouillante, pendant 4 minutes. Mettre les épinards dans une passoire et les presser avec le dos d'une cuillère pour en exprimer toute l'eau. Hacher et réserver.

2 Faire chauffer la moitié du beurre dans une poêle, à feu moyen. Y faire cuire les échalotes 2 minutes. Ajouter les épinards hachés et bien assaisonner. Faire cuire 5 minutes, à feu vif.

3 Incorporer les tomates, assaisonner et poursuivre la cuisson 8 minutes.

4 Incorporer les œufs durs tranchés et garnir les crêpes du mélange. Rouler, puis disposer dans un plat allant au four. Faire fondre le reste du beurre et le verser sur les crêpes. Couvrir de fromage et faire cuire au four, 5 minutes.

Crêpes aux moules et au vin blanc

(4 portions)

1,4 kg	moules fraîches, grattées et lavées	3 lb
125 ml	vin blanc sec	½ tasse
15 ml	persil frais haché	1 c. à s.
45 ml	beurre	3 c. à s.
2	échalotes sèches, épluchées et hachées	2
225 g	champignons frais, nettoyés et coupés en dés	½ lb
375 ml	sauce blanche, chaude (voir page 90)	1 ½ tasse
8	crêpes	8
125 ml	gruyère râpé	½ tasse
	sel et poivre fraîchement moulu	

Préchauffer le four à 200 °C (400 °F).

1 Mettre les moules dans une grande casserole. Ajouter le vin et le persil. Couvrir et amener à ébullition. Faire cuire les moules à feu doux jusqu'à ce que les coquilles s'ouvrent, environ 5 minutes. Remuer une fois pendant la cuisson.

2 Retirer les moules de la casserole; jeter celles qui sont restées fermées. Détacher les moules des coquilles et réserver. Filtrer le liquide de cuisson à travers une passoire tapissée d'une mousseline, posée sur une petite casserole. Faire cuire 4 minutes, à feu moyen. Réserver.

3 Dans une poêle, à feu moyen, faire chauffer le beurre. Ajouter les échalotes et les champignons; bien assaisonner. Faire cuire 4 minutes.

4 Ajouter les moules, la sauce blanche et le liquide de cuisson réservé. Bien mélanger et laisser mijoter 2 minutes.

5 Farcir les crêpes du mélange. Les plier en quatre et disposer dans un plat de service. Couvrir avec le reste de la sauce et parsemer de fromage. Faire cuire au four, 6 minutes.

Crêpes aux fruits de mer
(4 portions)

45 ml	beurre	3 c. à s.
350 g	pétoncles frais, lavés	¾ lb
1	échalote sèche, épluchée et hachée	1
225 g	champignons frais, nettoyés et coupés en dés	½ lb
15 ml	persil frais haché	1 c. à s.
5 ml	estragon	1 c. à t.
250 ml	jus de palourde	1 tasse
30 ml	farine	2 c. à s.
125 ml	mozzarella râpée	½ tasse
8	crêpes	8
	sel et poivre	
	poivre de Cayenne, au goût	

Préchauffer le four à 190 °C (375 °F).

1 Graisser légèrement une poêle avec un peu de beurre. Ajouter les pétoncles, l'échalote, les champignons et tous les assaisonnements. Mouiller avec le jus de palourde et couvrir d'une feuille de papier ciré.

2 À feu moyen, amener au point d'ébullition. Baisser le feu à doux et laisser mijoter 2 minutes. Retirer la poêle du feu.

3 À l'aide d'une écumoire, mettre les pétoncles et les champignons dans un bol. Remettre la poêle sur le feu et faire bouillir le liquide de cuisson pendant 4 minutes.

4 Dans une casserole, à feu doux, faire chauffer le reste du beurre. Saupoudrer de farine et bien mélanger. Faire cuire 1 minute. Au fouet, incorporer le liquide de cuisson réduit. Bien assaisonner et faire cuire 3 minutes, à feu doux.

5 Incorporer le fromage, les pétoncles et les champignons. Laisser mijoter 1 à 2 minutes.

6 À l'aide d'une cuillère, répartir presque toute la garniture entre les crêpes, les rouler, puis disposer dans un plat allant au four. Napper du reste de sauce et faire cuire au four, 4 minutes.

Crêpes farcies aux champignons, en sauce blanche
(4 portions)

30 ml	huile d'olive	2 c. à s.
450 g	champignons frais, nettoyés et tranchés en trois	1 lb
3	oignons verts, hachés	3
1	gousse d'ail, épluchée, écrasée et hachée	1
15 ml	poudre de curry	1 c. à s.
375 ml	sauce blanche, chaude (voir page 90)	1 ½ tasse
15 ml	ciboulette fraîche hachée	1 c. à s.
250 ml	gruyère râpé	1 tasse
8	crêpes	8
1	pincée de muscade	1
	sel et poivre	

1 Dans une poêle, à feu vif, faire chauffer l'huile. Ajouter les champignons, assaisonner et faire cuire 3 minutes. Ajouter les oignons et l'ail; faire cuire 1 minute.

2 Baisser le feu à moyen. Saupoudrer de poudre de curry et bien mélanger. Incorporer la sauce blanche, la ciboulette, le fromage et la muscade. Rectifier l'assaisonnement. Faire cuire 3 minutes.

3 Répartir presque toute la garniture entre les crêpes, les rouler, puis les disposer dans un plat allant au four. Napper du reste de la garniture. Faire gratiner au four, 8 minutes.

Crêpes à l'emmenthal et aux saucisses

(4 portions)

4	saucisses de porc	4
15 ml	beurre	1 c. à s.
4	œufs	4
4	crêpes	4
125 ml	emmenthal râpé	½ tasse
	sel et poivre	

1 Faire cuire les saucisses 2 minutes dans de l'eau bouillante,les retirer et bien les égoutter.

2 Dans une poêle, à feu moyen, faire chauffer le beurre. Y faire cuire les saucisses 5 minutes, à feu doux.

3 Retirer les saucisses cuites de la poêle et réserver. Casser les œufs dans la poêle chaude, les assaisonner et faire cuire 3 à 4 minutes.

4 Répartir les œufs et les saucisses entre les crêpes. Les plier en deux, puis disposer dans un plat allant au four. Couvrir de fromage râpé.

5 Faire gratiner 2 minutes et servir avec des tranches de pain grillé.

Crêpes au homard et à l'estragon, sauce au vin blanc
(4 portions)

45 ml	beurre	3 c. à s.
450 g	chair de homard frais, coupée en dés	I lb
2	échalotes sèches, épluchées et hachées	2
350 g	champignons frais, nettoyés et coupés en dés	¾ lb
125 ml	vin blanc sec	½ tasse
250 ml	jus de palourde	I tasse
15 ml	estragon frais haché	I c. à s.
15 ml	fécule de maïs	I c. à s.
45 ml	eau froide	3 c. à s.
8	crêpes	8
50 ml	parmesan râpé	¼ tasse
	sel et poivre	

Préchauffer le four à 190 °C (375 °F).

1 Faire chauffer le beurre dans une poêle, à feu moyen. Ajouter la chair de homard et les échalotes; poivrer et faire cuire 2 minutes. Retirer la chair de homard de la poêle et réserver.

2 Dans la poêle chaude, mettre les champignons et bien assaisonner. Faire cuire 5 minutes à feu vif. Ajouter le vin et poursuivre la cuisson 2 minutes.

3 Incorporer le jus de palourde et l'estragon. Faire cuire 3 minutes, à feu moyen.

4 Baisser le feu à doux. Diluer la fécule de maïs dans l'eau froide et incorporer à la sauce. Ajouter la chair de homard et faire mijoter 2 minutes.

5 Répartir la garniture entre les crêpes, les rouler, puis les disposer dans un plat allant au four. Parsemer de fromage et faire cuire au four, 8 minutes.

Crêpes express au fromage
(4 portions)

8	crêpes	8
375 ml	sauce aux œufs, chaude (voir page 91)	1½ tasse
125 ml	gruyère râpé	½ tasse
125 ml	cheddar râpé	½ tasse
50 ml	emmenthal râpé	¼ tasse
	poivre fraîchement moulu	

Préchauffer le four à 200 °C (400 °F).

1 Étaler les crêpes sur une surface de travail. Badigeonner chacune d'elles de 15 ml (1 c. à s.) de sauce aux œufs. Parsemer des fromages râpés et poivrer.

2 Rouler les crêpes, puis les disposer dans un plat allant au four préalablement beurré. Napper du reste de sauce aux œufs et parsemer du reste des fromages. Faire cuire au four, 12 minutes.

Crêpes farcies de juliennes, en sauce blanche
(4 portions)

30 ml	beurre	2 c. à s.
2	oignons, épluchés et émincés	2
3	tranches de jambon cuit, coupées en julienne	3
2	tranches de gruyère, coupées en julienne	2
125 ml	sauce blanche, chaude (voir page 90)	½ tasse
4	crêpes	4
	poivre fraîchement moulu	

1 Faire chauffer le beurre dans une poêle, à feu moyen. Y faire cuire les oignons 12 minutes, à feu doux. Ne pas les faire brûler.

2 Retirer les oignons de la poêle et réserver.

3 Répartir le jambon, le fromage, les oignons cuits et la sauce blanche entre les crêpes. Assaisonner de poivre fraîchement moulu. Plier les crêpes en quatre et disposer dans un plat allant au four.

4 Faire cuire au four à gril pendant 2 à 3 minutes ou jusqu'à ce qu'elles soient chaudes. Servir.

Crêpes farcies au filet de sole
(4 portions)

30 ml	beurre	2 c. à s.
1	oignon, épluché et émincé	1
225 g	champignons frais, nettoyés et émincés	½ lb
2	filets de sole	2
125 ml	vin blanc sec	½ tasse
125 ml	eau	½ tasse
8	crêpes	8
125 ml	sauce blanche épaisse, chaude (voir page 90)	½ tasse
15 ml	persil frais haché	1 c. à s.
1	pincée de paprika	1
	sel et poivre fraîchement moulu	

1 Faire chauffer le beurre dans une poêle, à feu moyen. Y faire cuire l'oignon 2 minutes. Monter le feu à vif et ajouter les champignons. Bien assaisonner et faire cuire 2 minutes.

2 Mettre les filets de sole dans la poêle. Ajouter le vin et l'eau. Bien assaisonner et couvrir d'une feuille de papier ciré de sorte qu'elle touche la surface du mélange. Amener à ébullition.

3 Dès que le liquide commence à bouillir, retirer la poêle du feu. Laisser le poisson 2 minutes dans le liquide chaud.

4 À l'aide d'une écumoire, retirer le poisson et les champignons de la poêle. Les répartir entre les crêpes; réserver.

5 Remettre la poêle sur le feu et faire cuire le liquide à feu vif jusqu'à ce qu'il soit réduit du tiers. Incorporer la sauce blanche et le paprika. Déposer environ 45 ml (3 c. à s.) de sauce dans chaque crêpe.

6 Plier les crêpes en quatre, puis les disposer dans un plat allant au four. Napper du reste de sauce et faire cuire au four à gril pendant 2 minutes. Parsemer de persil et servir.

Crêpes au chou et à l'oignon
(4 portions)

15 ml	huile d'olive	1 c. à s.
1	oignon, épluché et émincé	1
500 ml	chou ciselé	2 tasses
30 ml	vin blanc	2 c. à s.
1 ml	sucre	¼ c. à t.
1	pincée de graines de cardamome	1
1	pincée de paprika	1
1	recette de sauce aux œufs, chaude (voir page 91)	1
8	crêpes (à la farine de sarrasin, facultatif)	8
125 ml	fromage suisse râpé	½ tasse
	sel et poivre fraîchement moulu	

Préchauffer le four à 200 °C (400 °F).

1 Dans une poêle, à feu moyen, faire chauffer l'huile. Y faire cuire l'oignon 4 minutes. Incorporer le chou et bien assaisonner. Couvrir et faire cuire 6 minutes.

2 Ajouter le vin, le sucre, les graines de cardamome, le sel, le poivre et le paprika. Bien mélanger, couvrir et faire cuire 15 minutes, à feu doux. Remuer de temps à autre.

3 Incorporer au mélange au chou 250 ml (1 tasse) de sauce aux œufs. Farcir les crêpes, les rouler, puis les disposer dans un plat allant au four. Napper du reste de la sauce aux œufs.

4 Parsemer de fromage et faire cuire au four, 12 minutes.

Crêpes au veau à la sauce Mornay

(4 portions)

30 ml	beurre	2 c. à s.
1	oignon, épluché et haché	1
½	branche de céleri, hachée	½
225 g	champignons frais, nettoyés et coupés en dés	½ lb
15 ml	basilic frais haché	1 c. à s.
15 ml	persil frais haché	1 c. à s.
350 g	veau haché	¾ lb
500 ml	sauce Mornay, chaude (voir page 90)	2 tasses
8	crêpes	8
175 ml	emmenthal râpé	¾ tasse
	sel et poivre	

Préchauffer le four à 200 °C (400 °F).

1 Faire chauffer le beurre dans une poêle, à feu moyen. Y faire cuire l'oignon et le céleri 3 à 4 minutes. Ajouter les champignons et les fines herbes; bien mélanger. Poursuivre la cuisson 4 minutes.

2 Ajouter le veau haché et assaisonner généreusement. Faire brunir 3 minutes, à feu moyen-vif.

3 Lorsque la viande est cuite, incorporer la sauce Mornay. Laisser mijoter 1 minute, puis retirer la poêle du feu. Farcir les crêpes avec presque toute la garniture, les rouler, puis les disposer dans un plat allant au four.

4 Napper du reste de la sauce, parsemer de fromage et faire cuire au four 5 à 6 minutes.

Crêpes tropicana
(4 portions)

1	poitrine de poulet entière, désossée	1
500 ml	bouillon de poulet léger, chaud	2 tasses
45 ml	beurre	3 c. à s.
1	oignon, épluché et coupé en petits dés	1
15 ml	poudre de curry	1 c. à s.
45 ml	farine	3 c. à s.
2	rondelles d'ananas, coupées en dés	2
½	banane, coupée en rondelles et en biseau	½
8	crêpes	8
30 ml	parmesan râpé	2 c. à s.
	sel et poivre	

Préchauffer le four à 190 °C (375 °F).

1 Enlever la peau du poulet et diviser la poitrine en deux. Mettre dans une poêle avec le bouillon de poulet. Amener à ébullition. Baisser le feu à doux et faire cuire 12 à 15 minutes. Ajuster le temps de cuisson si nécessaire.

2 Lorsque le poulet est cuit, le retirer du bouillon et le laisser refroidir 2 minutes. Couper la chair en dés et réserver. Réserver le bouillon de poulet séparément.

3 Faire chauffer le beurre dans une casserole, à feu moyen. Ajouter l'oignon et faire cuire 2 minutes. Saupoudrer de poudre de curry, bien mélanger et faire cuire 2 minutes, à feu doux.

4 Incorporer la farine, puis ajouter le bouillon réservé. Bien assaisonner et mélanger au fouet. Faire cuire 8 minutes, à feu doux.

5 Ajouter le poulet, l'ananas et la banane. Bien mélanger et faire mijoter 2 minutes.

6 Déposer environ 45 ml (3 c. à s.) de mélange au poulet dans chaque crêpe. les plier en quatre, puis placer dans un plat allant au four. Napper du reste de sauce. Parsemer de fromage et faire cuire au four, 6 minutes.

Crêpes farcies au jambon et au fromage

(2 portions)

4	crêpes	4
4	tranches de jambon forêt noire, épaisses	4
250 ml	gruyère râpé	1 tasse
	poivre fraîchement moulu	

1 Étaler les crêpes sur une surface de travail.

2 Couvrir d'une tranche de jambon et de fromage râpé.

3 Poivrer généreusement.

4 Plier les crêpes en quatre, puis les disposer dans un plat allant au four.

5 Mettre au four à gril pendant 2 minutes ou jusqu'à ce qu'elles soient chaudes. Servir.

Crêpes aux épinards, sauce Mornay
(4 portions)

675 g	épinards frais	1 ½ lb
30 ml	beurre	2 c. à s.
4	tranches de prosciutto, coupées en julienne	4
1	pincée de muscade	1
500 ml	sauce Mornay, chaude (voir page 90)	2 tasses
8	crêpes	8
125 ml	gruyère râpé	½ tasse
	sel et poivre fraîchement moulu	

Préchauffer le four à 190 °C (375 °F).

1 Équeuter les épinards. Bien laver les feuilles sous l'eau froide et les faire cuire dans une petite quantité d'eau bouillante 3 minutes ou jusqu'à ce qu'elles soient flétries. Déposer les épinards dans une passoire et presser avec le dos d'une cuillère pour en exprimer toute l'eau. Hacher les épinards.

2 Dans une poêle, à feu moyen, faire chauffer le beurre. Ajouter les épinards hachés et le prosciutto; assaisonner et ajouter la muscade. Faire cuire 3 minutes.

3 Ajouter la sauce Mornay et bien mélanger. Répartir presque toute la garniture entre les crêpes, les rouler, puis les disposer dans un plat allant au four. Napper du reste de la garniture, parsemer de fromage et faire cuire au four, 8 minutes.

Crêpes aux endives braisées
(4 portions)

30 ml	beurre	2 c. à s.
4	grosses endives, la base parée	4
125 ml	bouillon de poulet, chaud	½ tasse
250 ml	sauce blanche, chaude (voir page 90)	1 tasse
4	crêpes	4
125 ml	emmenthal râpé	½ tasse
	jus de ½ citron	
	sel et poivre fraîchement moulu	

Préchauffer le four à 190 °C (375 °F).

1 Beurrer un plat allant au four. Y disposer les endives et les arroser du jus de citron. Bien assaisonner et ajouter le bouillon de poulet. Faire cuire au four 35 minutes, ou jusqu'à ce qu'elles soient tendres.

2 Retirer les endives du plat de cuisson et les faire égoutter sur du papier absorbant; réserver. Verser le liquide de cuisson dans une petite casserole et le faire cuire 3 minutes, à feu vif. Incorporer la sauce blanche et bien assaisonner. Laisser mijoter 1 minute, à feu doux.

3 Déposer une endive sur chaque crêpe. Rouler la crêpe autour de l'endive, puis la mettre dans un plat allant au four. Napper de sauce, parsemer de fromage et faire cuire au four, 6 minutes.

Crêpes à l'italienne
(4 à 6 portions)

2	petites aubergines	2
45 ml	huile d'olive	3 c. à s.
1	oignon, épluché et haché	1
2	gousses d'ail, épluchées, écrasées et hachées	2
3	tomates, pelées, épépinées et hachées	3
12	crêpes	12
8	tranches de mozzarella	8
4	tranches de prosciutto, coupées en julienne	4
50 ml	parmesan râpé	¼ tasse
	sel et poivre fraîchement moulu	
	beurre fondu	

1 Couper les aubergines en tranches de 5 mm (¼ po) d'épaisseur et les disposer en une seule couche dans un grand plat. Saupoudrer de sel et laisser dégorger 2 heures à température ambiante. Égoutter, rincer et essuyer avec du papier absorbant.

2 Préchauffer le four à 190 °C (375 °F).

3 Mettre les tranches d'aubergine dans un plat allant au four et les badigeonner légèrement d'huile d'olive. Faire cuire au four, 16 minutes.

4 Entre-temps, dans une poêle, à feu moyen, faire chauffer le reste de l'huile. Y faire cuire l'oignon et l'ail 5 minutes. Incorporer les tomates, assaisonner et faire cuire 12 minutes.

5 Baisser la température du four à 180 °C (350 °F).

6 Avec la moitié des crêpes, foncer le fond et les parois d'un moule allant au four, ayant été préalablement beurré. Ajouter des couches d'aubergine, de mozzarella, de prosciutto et de tomates. Bien assaisonner et répéter une fois chacune des couches.

7 Parsemer de parmesan et recouvrir avec les crêpes qui restent. Arroser de beurre fondu. Faire cuire au four 20 minutes. Si les crêpes brunissent trop rapidement, les couvrir sans serrer d'une feuille de papier d'aluminium. Laisser reposer plusieurs minutes avant de servir.

Mettre les tranches d'aubergine dans un plat et les badigeonner d'huile d'olive. Faire cuire au four, 16 minutes.

Faire chauffer l'huile dans une poêle, à feu moyen. Y faire cuire l'oignon et l'ail 5 minutes. Incorporer les tomates, assaisonner et faire cuire 12 minutes.

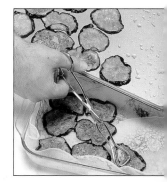

Avec la moitié des crêpes, foncer le fond et les parois d'un moule allant au four, ayant été préalablement beurré. Ajouter une couche d'aubergine.

Ajouter des couches de mozzarella, de prosciutto et de tomates. Bien assaisonner et répéter une fois chacune des couches.

Parsemer de parmesan et couvrir avec les crêpes qui restent.

Crêpes farcies au roquefort

(4 portions)

125 ml	sauce blanche, chaude (voir page 90)	½ tasse
45 ml	roquefort, émietté	3 c. à s.
1	pincée de muscade	1
8	crêpes	8
30 ml	parmesan râpé	2 c. à s.
	poivre fraîchement moulu	

Préchauffer le four à 200 °C (400 °F).

1 Mélanger la sauce blanche avec le roquefort. Ajouter la muscade et mélanger pour obtenir une préparation lisse.

2 Étaler la préparation au fromage sur les crêpes et poivrer. Rouler les crêpes, puis les disposer dans un plat allant au four.

3 Parsemer de parmesan et faire cuire au four, 6 minutes.

Crêpes estivales
(4 portions)

30 ml	huile d'olive	2 c. à s.
1	oignon, épluché et émincé	1
2	échalotes sèches, épluchées et émincées	2
1	gousse d'ail, épluchée, écrasée et hachée	1
1	poivron rouge, émincé	1
2	tomates, pelées, épépinées et hachées	2
15 ml	basilic frais haché	1 c. à s.
250 ml	emmenthal râpé	1 tasse
8	crêpes	8
	sel et poivre fraîchement moulu	

1 Faire chauffer l'huile dans une poêle, à feu moyen. Ajouter l'oignon et les échalotes; assaisonner et faire cuire 8 minutes, à feu doux.

2 Incorporer l'ail, le poivron et les tomates. Bien assaisonner et monter le feu à moyen. Faire cuire 8 minutes.

3 Ajouter le basilic et le fromage. Faire cuire 1 minute, puis retirer la poêle du feu et laisser reposer 1 minute.

4 Farcir les crêpes, les rouler, puis les disposer dans un plat allant au four. Mettre au four à gril pendant 3 minutes et servir.

Crêpes au saumon, en sauce blanche
(4 à 6 portions)

45 ml	beurre	3 c. à s.
2	échalotes sèches, épluchées et hachées	2
225 g	champignons frais, nettoyés et émincés	½ lb
125 ml	vin blanc sec	½ tasse
2	darnes de saumon frais, cuites, désossées et émiettées	2
500 ml	sauce blanche, chaude (voir page 90)	2 tasses
8 à 12	crêpes	8 à 12
125 ml	gruyère râpé	½ tasse
	sel et poivre fraîchement moulu	
	paprika, au goût	

Préchauffer le four à 200 °C (400 °F).

1 Faire chauffer le beurre dans une poêle, à feu moyen. Ajouter les échalotes et les champignons; bien assaisonner. Faire cuire 6 minutes, à feu vif. Ajouter le vin et poursuivre la cuisson 2 minutes.

2 Incorporer le saumon et la sauce blanche. Assaisonner généreusement de sel, de poivre et de paprika. Baisser le feu à doux et laisser mijoter 2 minutes.

3 Avec une cuillère, déposer environ 45 ml (3 c. à s.) du mélange sur chaque crêpe, les rouler, puis les disposer dans un plat allant au four. Couvrir du reste du mélange au saumon et parsemer de fromage. Faire cuire au four, 8 minutes.

Crêpes au poulet et à l'avocat
(4 portions)

1	avocat	1
45 ml	beurre	3 c. à s.
1	oignon, épluché et haché finement	1
15 ml	ciboulette fraîche hachée	1 c. à s.
45 ml	farine	3 c. à s.
500 ml	lait, chaud	2 tasses
500 ml	poulet cuit, coupé en dés	2 tasses
60 ml	parmesan râpé	4 c. à s.
8	crêpes	8
	jus de citron	
	sel et poivre fraîchement moulu	

Préchauffer le four à 190 °C (375 °F).

1 Couper l'avocat en deux, dans le sens de la longueur, puis le dénoyauter. Peler, puis couper la chair en dés. Mélanger avec le jus de citron et réserver.

2 Dans une casserole, à feu moyen, faire chauffer le beurre. Y faire cuire l'oignon et la ciboulette 2 minutes, à feu doux.

3 Saupoudrer de farine et bien mélanger. Faire cuire 1 minute. En fouettant, incorporer le lait. Bien assaisonner et faire cuire la sauce 8 minutes, à feu doux. Incorporer le bouillon de poulet, le fromage et l'avocat. Laisser mijoter 2 minutes.

4 Avec une cuillère, déposer environ 60 ml (4 c. à s.) de mélange au poulet sur chaque crêpe, les rouler, puis les disposer dans un plat allant au four. Napper du reste du mélange au poulet et mettre au four pendant 5 minutes. Servir.

Crêpes aux fruits de mer et à l'emmenthal
(4 portions)

15 ml	huile d'olive	1 c. à s.
12	crevettes, décortiquées et déveinées	12
12	pétoncles, nettoyés	12
12	moules, cuites et écaillées	12
2	échalotes sèches, épluchées et hachées	2
15 ml	estragon frais haché	1 c. à s.
125 ml	vin blanc sec	½ tasse
375 ml	sauce blanche, chaude (voir page 90)	1½ tasse
125 ml	emmenthal râpé	½ tasse
8	crêpes	8
	sel et poivre fraîchement moulu	
	paprika, au goût	

Préchauffer le four à 220 °C (425 °F).

1 Faire chauffer l'huile dans une poêle, à feu vif. Ajouter les crevettes et poivrer. Faire cuire 2 minutes.

2 Ajouter les pétoncles et poursuivre la cuisson 2 minutes. Ajouter les moules, bien mélanger et laisser mijoter 1 minute, à feu doux. Retirer les fruits de mer de la poêle et réserver.

3 Dans la poêle chaude, mettre les échalotes et l'estragon; faire cuire 2 minutes. Monter le feu à vif et ajouter le vin. Faire cuire 2 minutes.

4 Incorporer la sauce blanche, le paprika et la moitié du fromage. Remettre les fruits de mer dans la poêle, bien mélanger et laisser mijoter 1 minute, à feu doux.

5 Farcir les crêpes de la préparation aux fruits de mer, les plier en quatre, puis les disposer dans un plat allant au four. Parsemer du reste de fromage et mettre au four pendant 4 minutes. Servir.

Crêpes farcies au bifteck et aux champignons
(4 portions)

30 ml	huile d'olive	2 c. à s.
2	bifteck de filet de 225 g (½ lb) chacun	2
225 g	champignons frais, nettoyés et émincés	½ lb
1	échalote sèche, épluchée et hachée	1
125 ml	vin rouge sec	½ tasse
250 ml	bouillon de bœuf, chaud	1 tasse
15 ml	fécule de maïs	1 c. à s.
45 ml	eau froide	3 c. à s.
15 ml	persil frais haché	1 c. à s.
8	crêpes	8
	sel et poivre	

1 Faire chauffer la moitié de l'huile dans une poêle, à feu moyen. Bien poivrer la viande et la mettre dans la poêle. Faire cuire 1 minute, à feu vif. Retirer la viande de la poêle et réserver.

2 Verser le reste de l'huile dans la poêle. Ajouter les champignons et l'échalote; bien assaisonner. Faire cuire 4 minutes, à feu moyen. Ajouter le vin et faire cuire 2 minutes, à feu vif.

3 Incorporer le bouillon de bœuf et poursuivre la cuisson 2 minutes. Baisser le feu à doux. Diluer la fécule de maïs dans l'eau froide; l'incorporer à la sauce. Faire cuire 1 minute, puis ajouter le persil.

4 Ajouter la viande à la sauce et faire mijoter 2 minutes. Farcir les crêpes de la préparation, les plier en quatre, puis les disposer dans un plat allant au four. Mettre au four à gril pendant 2 minutes et servir.

Crêpes aux tomates et à la courgette
(4 portions)

15 ml	huile d'olive	1 c. à s.
2	échalotes sèches, épluchées et hachées	2
2	gousses d'ail, épluchées, écrasées et hachées	2
1	petite courgette, coupée en petits dés	1
125 ml	vin blanc sec	½ tasse
3	tomates, pelées, épépinées et coupées en dés	3
30 ml	basilic frais haché	2 c. à s.
125 ml	parmesan râpé	½ tasse
8	crêpes	8
	sel et poivre fraîchement moulu	

1 Faire chauffer l'huile dans une poêle, à feu moyen. Ajouter les échalotes, l'ail et la courgette. Bien assaisonner et faire cuire 3 minutes, à feu doux.

2 Monter le feu à vif. Ajouter le vin et faire cuire 2 minutes. Incorporer les tomates et le basilic; bien assaisonner. Faire cuire 6 minutes.

3 Baisser le feu à moyen et incorporer le fromage. Faire cuire 3 minutes, puis retirer la poêle du feu. Laisser la préparation refroidir légèrement.

4 Étaler la préparation sur les crêpes, les rouler, puis les disposer dans un plat allant au four. Mettre au four à gril pendant 3 minutes et servir.

Crêpes farcies aux légumes, sauce aux œufs
(4 portions)

15 ml	huile d'olive	1 c. à s.
3	oignons verts, hachés	3
1	carotte, pelée et coupée en petits dés	1
1	courgette, coupée en petits dés	1
1	poivron jaune, coupé en petits dés	1
1	gousse d'ail, épluchée, écrasée et hachée	1
15 ml	basilic frais haché	1 c. à s.
2	grosses tomates, pelées, épépinées et hachées	2
125 ml	emmenthal râpé	½ tasse
8	crêpes	8
½	recette de sauce aux œufs, chaude (voir page 91)	½
175 ml	gruyère râpé	¾ tasse
1	pincée de paprika	1
	sel et poivre	

Préchauffer le four à 220 °C (425 °F).

1 Faire chauffer l'huile dans une poêle, à feu vif. Ajouter les légumes, assaisonner et faire cuire 6 minutes, à feu moyen. Ajouter l'ail et le basilic; poursuivre la cuisson 2 minutes.

2 Incorporer les tomates et bien assaisonner. Faire cuire 6 minutes, à feu vif. Incorporer l'emmenthal.

3 Farcir les crêpes de la préparation, les rouler, puis les disposer dans un plat allant au four. Napper de sauce aux œufs, parsemer de gruyère et saupoudrer de paprika. Faire cuire au four, 8 minutes.

Crêpes soufflées, sauce au rhum
(4 à 6 portions)

SOUFFLÉ :

6	blancs d'œufs	6
225 g	sucre glace	½ lb
8	crêpes	8
	zeste de 1 orange, râpé	
	zeste de ½ citron, râpé	

Préchauffer le four à 240 °C (475 °F).

1 Battre les blancs d'œufs en neige ferme. Ajouter le sucre et battre en neige très ferme. Incorporer très délicatement les zestes.

2 Répartir le mélange entre les crêpes, les plier en quatre, puis les disposer dans un plat allant au four. Faire cuire 6 minutes et servir avec une sauce à la crème et au rhum.

SAUCE À LA CRÈME ET AU RHUM :

6	jaunes d'œufs	6
75 ml	sucre	⅓ tasse
250 ml	crème à 15 %	1 tasse
45 ml	rhum	3 c. à s.

1 Mettre les jaunes d'œufs et le sucre dans un bol en acier inoxydable. Battre 1 minute au mixeur électrique.

2 Poser le bol sur une casserole contenant de l'eau bouillante. Ajouter la crème et faire cuire, en remuant continuellement, jusqu'à ce que le mélange épaississe.

3 Incorporer le rhum et servir chaud, sur les crêpes soufflées.

Gâteau de crêpes aux pêches
(6 à 8 portions)

450 g	pêches fraîches, pelées et dénoyautées	1 lb
250 ml	eau	1 tasse
60 ml	sucre	4 c. à s.
14	crêpes	14
30 ml	confiture d'abricot	2 c. à s.
30 ml	amandes effilées, grillées	2 c. à s.
	jus de ¼ de citron	
	zeste de ½ citron, râpé	

Préchauffer le four à 200 °C (400 °F).

1 Trancher les pêches, puis les arroser de jus de citron; réserver.

2 Dans une casserole, à feu moyen, faire cuire l'eau, le sucre et le zeste de citron pendant 8 minutes. Ajouter les pêches tranchées et poursuivre la cuisson 7 minutes.

3 Retirer la casserole du feu, bien mélanger et laisser refroidir.

4 Pour monter le gâteau, déposer la première crêpe à plat, dans un plat allant au four. Ajouter une couche de pêches et couvrir d'une crêpe. Répéter ces couches jusqu'à ce que tous les ingrédients soient utilisés, en terminant par une crêpe.

5 Badigeonner la dernière crêpe de confiture et parsemer d'amandes. Faire cuire au four 8 minutes. Laisser légèrement refroidir, couper en pointes et servir.

Crêpes aux poires
(4 portions)

2	poires, évidées, pelées et émincées	2
2	bananes, épluchées et émincées	2
60 ml	sucre à fruits	4 c. à s.
250 ml	framboises fraîches	I tasse
8	crêpes	8
	zeste de ¼ de citron, râpé	

1 Dans une petite casserole, mettre les poires, les bananes et le zeste de citron. Ajouter la moitié du sucre et faire cuire 8 minutes, à feu moyen.

2 Retirer la poêle du feu et réserver pour faire refroidir.

3 Au robot culinaire, réduire les framboises en purée. Ajouter 15 ml (1 c. à s.) de sucre et bien mélanger. Répartir la sauce entre les 4 assiettes à dessert et réserver.

4 Farcir les crêpes de la préparation aux poires et les plier en quatre. Disposer dans un plat allant au four et saupoudrer du sucre qui reste. Mettre au four à gril pendant 3 minutes.

5 Déposer les crêpes sur la sauce aux framboises et servir immédiatement.

Crêpes aux framboises au Grand Marnier
(4 à 6 portions)

75 ml	Grand Marnier (ou liqueur d'orange)	5 c. à s.
125 g	fromage à la crème ramolli	¼ lb
12 à 18	crêpes	12 à 18
500 ml	framboises fraîches	2 tasses
60 ml	sucre à fruits	4 c. à s.

1 Mélanger 15 ml (1 c. à s.) de liqueur avec le fromage à la crème. Étaler une petite quantité de fromage sur chaque crêpe, puis la plier en quatre. Disposer dans un plat allant au four et mettre au four à gril 1 à 2 minutes ou jusqu'à ce que les crêpes soient légèrement dorées.

2 Entre-temps, mettre les framboises, le sucre et la liqueur qui reste dans une casserole. Faire cuire 1 minute, à feu moyen.

3 Verser sur les crêpes et flamber. Servir.

Crêpes à la purée de marrons
(4 portions)

225 g	purée de marrons non sucrée, en conserve	8 oz
45 ml	rhum	3 c. à s.
375 ml	crème fouettée	1 ½ tasse
8	crêpes	8
	sucre à fruits	

Préchauffer le four à 200 °C (400 °F).

1 Dans le bol du robot culinaire, mélanger la purée de marrons pendant 1 minute. Ajouter le rhum et mélanger rapidement. Verser dans un bol.

2 Incorporer très doucement la crème fouettée et étaler le mélange sur les crêpes. Rouler les crêpes, puis les disposer dans un plat allant au four. Saupoudrer de sucre et faire cuire au four, 4 minutes. Servir.

Crêpes aux fraises
(6 à 8 portions)

450 g	fraises fraîches, lavées et équeutées	1 lb
45 ml	sucre à fruits	3 c. à s.
½	recette de garniture à la crème pour dessert (voir page 94)	½
12	crêpes	12

1 Au robot culinaire, réduire en purée les fraises additionnées de 30 ml (2 c. à s.) de sucre. Répartir les ¾ de la sauce entre 6 assiettes à dessert et réserver.

2 Garnir chaque crêpe de 30 ml (2 c. à s.) de garniture à la crème pour dessert. Ajouter une petite quantité de purée aux fraises. Rouler les crêpes, puis les disposer dans un plat allant au four. Saupoudrer du sucre qui reste et mettre au four à gril pendant 3 minutes.

3 Disposer les crêpes farcies sur la sauce aux fraises et servir immédiatement.

Crêpes aux pommes, au kirsch et à l'abricot
(4 à 6 portions)

POMMES :

45 ml	beurre	3 c. à s.
5	pommes, évidées, pelées et tranchées	5
75 ml	cassonade	⅓ tasse
5 ml	cannelle	I c. à t.
15 ml	kirsch	I c. à s.

1 Faire chauffer le beurre dans une poêle, à feu moyen. Ajouter les pommes, la cassonade et la cannelle. Faire cuire 5 minutes.

2 Bien mélanger, puis couvrir la poêle. Poursuivre la cuisson 7 minutes.

3 Enlever le couvercle et incorporer le kirsch. Monter le feu à vif et faire cuire 3 minutes. Retirer du feu et réserver.

CONFITURE D'ABRICOTS :

250 ml	confiture d'abricots	I tasse
250 ml	eau	I tasse
5 ml	fécule de maïs	I c. à t.
12	crêpes	12
	zeste de I orange, râpé	

Préchauffer le four à 190° C (375 °F).

1 Mettre la confiture dans une casserole et ajouter 175 ml (¾ tasse) d'eau. Ajouter le zeste d'orange et amener à ébullition. Faire cuire 2 minutes.

2 Diluer la fécule de maïs dans l'eau qui reste. Verser dans la casserole et bien mélanger. Baisser le feu à doux et faire cuire I minute.

3 Étaler le mélange à la confiture et les pommes au kirsch entre les crêpes et les empiler dans un plat allant au four. Faire cuire au four 8 à 10 minutes. Trancher et servir.

Faire chauffer le beurre dans une poêle, à feu moyen. Ajouter les pommes, la cassonade et la cannelle. Faire cuire 5 minutes.

Incorporer le kirsch. Monter le feu à vif et faire cuire 3 minutes.

Mettre la confiture dans une casserole et ajouter 175 ml (¾ tasse) d'eau.

Répartir la confiture et les pommes au kirsch entre les crêpes.

Empiler dans un plat allant au four.

Crêpes pour le thé
(4 portions)

16	crêpes pour dessert, fines	16
375 ml	crème fouettée	1 ½ tasse
125 ml	confiture de cerise	½ tasse
45 ml	sucre à fruits	3 c. à s.
50 ml	Cointreau (ou liqueur d'orange), chaude	¼ tasse

1 Chaque portion comprend quatre crêpes empilées. Entre chaque crêpe, étaler en alternant des couches de crème fouettée et de confiture de cerise. Saupoudrer de sucre la crêpe du dessus seulement.

2 Disposer les crêpes empilées dans un grand plat allant au four et mettre au four à gril pendant 3 minutes.

3 Servir avec la liqueur chaude.

Galettes aux pommes
(4 portions)

8	crêpes	8
30 ml	beurre fondu	2 c. à s.
3	pommes, évidées, épluchées et émincées	3
125 ml	crème à 35 %	½ tasse
125 ml	sucre à fruits	½ tasse

1 Dans un plat allant au four, disposer 4 crêpes à plat. Les badigeonner de beurre fondu. Couvrir des crêpes qui restent et badigeonner du beurre fondu qui reste.

2 Couvrir les crêpes de tranches de pommes disposées en éventail. Arroser de crème et saupoudrer de sucre.

3 Mettre au four à gril pendant 5 à 6 minutes et servir.

Crêpes aux framboises à la crème pâtissière
(6 à 8 portions)

225 g	framboises fraîches, nettoyées	½ lb
45 ml	sucre	3 c. à s.
12 à 16	crêpes	12 à 16
1	recette de crème pâtissière (voir page 92)	1
	sucre en plus	

Préchauffer le four à 200 °C (400 °F).

1 Au robot culinaire, réduire en purée les framboises et le sucre.

2 Étaler les framboises sur les crêpes et couvrir de plusieurs cuillerées de crème pâtissière.

3 Rouler les crêpes, puis les disposer dans un plat allant au four. Saupoudrer de sucre et faire cuire au four, 6 minutes.

Crêpes au sirop d'érable
(4 à 6 portions)

8	crêpes	8
30 ml	sucre à fruits	2 c. à s.
	sirop d'érable	

1 Saupoudrer chaque crêpe de sucre.

2 Les rouler bien serré, puis les disposer dans un plat allant au four.

3 Arroser de sirop d'érable et saupoudrer de sucre.

4 Faire brunir au four à gril. Servir avec de la crème glacée.

Crêpes sultanes
(4 portions)

75 ml	confiture d'abricot	⅓ tasse
8	crêpes	8
2	bananes, émincées	2
4	rondelles d'ananas, coupées en dés	4
30 ml	sucre à fruits	2 c. à s.
45 ml	rhum	3 c. à s.

Préchauffer le four à 230 °C (450 °F).

1 Étaler une mince couche de confiture sur chaque crêpe. Répartir les bananes et l'ananas entre les crêpes. Les plier en quatre, puis les disposer dans un plat allant au four.

2 Saupoudrer de sucre et faire cuire au four, 6 minutes.

3 Sortir du four et arroser de rhum. Faire flamber et servir. Accompagner de confiture d'abricot, si désiré.

Crêpes garnies au beurre de noisettes

(4 portions)

250 ml	noisettes écalées	1 tasse
175 ml	beurre non salé	¾ tasse
175 ml	sucre à glacer	¾ tasse
8	crêpes	8

Préchauffer le four à 180 °C (350 °F).

1 Faire griller les noisettes au four pendant 12 à 15 minutes ou jusqu'à ce qu'elles soient dorées. Secouer la casserole de temps à autre pour qu'elles brunissent uniformément. Sortir les noisettes du four et laisser refroidir.

2 Monter la température du four à 220 °C (425 °F).

3 Au robot culinaire, mélanger les noisettes environ 1 minute. Réserver.

4 Dans un bol, réduire en crème le beurre additionné de 125 ml (½ tasse) de sucre. Bien incorporer les noisettes moulues.

5 Étaler du beurre aux noisettes sur chaque crêpe, plier en quatre, puis disposer dans un plat allant au four. Saupoudrer du sucre qui reste.

6 Faire cuire au four 2 à 3 minutes, sans faire brûler. Servir avec un coulis aux abricots, si désiré.

Crêpes aux framboises avec sabayon
(6 portions)

SABAYON :

3	gros jaunes d'œufs	3
50 ml	sucre à fruits	¼ tasse
125 ml	vin blanc (pas trop sec)	½ tasse
5 ml	zeste d'orange râpé	l c. à t.

1 Faire chauffer tous les ingrédients à feu doux, dans le haut
d'un bain-marie. Fouetter jusqu'à
ce que le mélange épaississe.

CRÊPES :

30 ml	beurre	2 c. à s.
30 ml	sucre à fruits	2 c. à s.
500 ml	framboises fraîches, nettoyées	2 tasses
30 ml	liqueur d'orange	2 c. à s.
12	crêpes pour dessert	12

1 Faire chauffer le beurre dans
une poêle, à feu moyen. Ajouter
le sucre et faire cuire 2 minutes,
en remuant continuellement avec
une fourchette.

2 Ajouter les framboises et bien
mélanger. Poursuivre la cuisson
2 minutes. Incorporer la liqueur,
puis flamber.

3 Étaler le mélange sur les crêpes,
les rouler, puis les disposer
dans un plat allant au four. Mettre
au four à gril pendant 2 minutes et
servir avec le sabayon.

Crêpes aux fraises et au fromage à la crème

(4 portions)

350 g	fraises fraîches, lavées, équeutées et émincées	¾ lb
75 ml	sucre à fruits	⅓ tasse
90 g	fromage à la crème, ramolli	3 oz
15 ml	Cointreau (ou liqueur d'orange)	1 c. à s.
8	crêpes	8
	sucre à fruits	

1 Dans une casserole, mettre les fraises et le sucre. Faire cuire 12 minutes, à feu doux, ou jusqu'à ce que le mélange épaississe. Verser dans un bol et laisser refroidir.

2 Mettre le fromage à la crème dans un petit bol et y incorporer la liqueur. Fouetter pour obtenir un mélange lisse et léger.

3 Étaler une petite quantité de mélange au fromage sur chaque crêpe. Couvrir du mélange aux fraises, rouler, puis disposer dans un plat allant au four. Saupoudrer de sucre et mettre au four à gril pendant 2 minutes. Servir.

Crêpes aux fraises et au miel

(4 portions)

75 ml	beurre ramolli	⅓ tasse
50 ml	miel	¼ tasse
8	crêpes sucrées	8
24	fraises fraîches, lavées, équeutées et émincées	24
15 ml	sucre à fruits	1 c. à s.

1 Mélanger le beurre avec le miel; étaler sur les crêpes.

2 Couvrir de fraises émincées, rouler, puis disposer dans un plat allant au four et saupoudrer de sucre.

3 Mettre au four à gril 2 minutes de chaque côté ou jusqu'à ce que les crêpes soient légèrement dorées. Servir chaudes.

Crêpes à la normande
(4 à 6 portions)

60 ml	beurre	4 c. à s.
6	pommes, évidées, pelées et émincées	6
30 ml	cassonade	2 c. à s.
45 ml	calvados	3 c. à s.
8 à 12	crêpes	8 à 12
1	pincée de cannelle	1
	sucre à fruits	

1 Faire chauffer le beurre dans une casserole, à feu moyen. Ajouter les pommes et la cassonade. Faire cuire 2 minutes. Baisser le feu à doux, couvrir et poursuivre la cuisson 4 minutes.

2 Retirer le couvercle. Incorporer le calvados et la cannelle; faire cuire 2 minutes.

3 Répartir les pommes entre les crêpes, les rouler, puis les disposer dans un plat allant au four et saupoudrer de sucre. Mettre au four à gril pendant 3 minutes. Servir.

Crêpes à l'orange
(8 à 12 portions)

500 ml	farine tout usage	2 tasses
1	pincée de sel	1
125 ml	sucre	½ tasse
5	œufs, battus	5
375 ml	lait	1 ½ tasse
45 ml	beurre fondu	3 c. à s.
125 ml	beurre ramolli	½ tasse
175 ml	sucre à glacer	¾ tasse
	zeste de 2 oranges, râpé	
	zeste de 1 citron, râpé	
	sucre à fruits	

1 Dans un bol, tamiser la farine avec le sel et le sucre. Ajouter les œufs et bien mélanger avec une cuillère en bois. Au fouet, incorporer le lait, puis le beurre fondu.

2 Filtrer la pâte à travers une passoire posée sur un bol. Incorporer les zestes de 1 orange et de 1 citron. Couvrir le bol d'une pellicule de plastique de sorte qu'elle touche la surface de la pâte et réfrigérer 1 heure.

3 Amener la pâte à température ambiante et faire cuire les crêpes.

4 Mélanger le beurre ramolli, le sucre à glacer et le zeste d'orange qui reste.

5 Étaler du beurre à l'orange sur chaque crêpe. Les plier en quatre, puis les disposer dans un plat allant au four. Saupoudrer de sucre à fruits. Mettre au four à gril pendant 3 minutes ou jusqu'à ce que les crêpes soient légèrement dorées. Servir immédiatement.

Crêpes surprise
(6 portions)

30 ml	beurre	2 c. à s.
4	poires, pelées, évidées et coupées en dés	4
30 ml	sucre	2 c. à s.
30 ml	liqueur d'orange	2 c. à s.
	pâte à crêpes sucrée	

1 Faire chauffer le beurre dans une casserole, à feu moyen. Ajouter les poires et le sucre; faire cuire 2 minutes.

2 Incorporer la liqueur et poursuivre la cuisson 2 minutes. Éteindre le feu sous la casserole.

3 En suivant la technique pour faire les crêpes (page 33), verser une petite quantité de pâte dans une crêpière beurrée chaude. Faire cuire environ 1 minute ou jusqu'à ce que le contour commence à dorer.

4 Disposer une petite quantité de poires au centre de chaque crêpe. Napper de pâte à crêpe pour recouvrir les poires et poursuivre la cuisson 30 secondes.

5 Retourner la crêpe farcie et faire cuire 1 minute. Plier en deux et servir. Recommencer avec le reste de la pâte.

Crêpes bretonnes
(4 portions)

125 ml	farine de sarrasin	½ tasse
125 ml	farine tout usage	½ tasse
2 ml	sel	½ c. à t.
3	gros œufs	3
250 ml	lait	1 tasse
60 ml	beurre fondu	4 c.à s.
	confiture de fraise ou de framboise	
	sucre	

1 Dans un bol, tamiser les deux farines avec le sel. Ajouter les œufs et bien mélanger avec une cuillère en bois. Au fouet, incorporer le lait, puis le beurre.

2 Filtrer la pâte à travers une passoire posée sur un bol. Couvrir le bol d'une pellicule de plastique de sorte qu'elle touche la surface de la pâte. Réfrigérer 1 heure.

3 Amener la pâte à température ambiante et faire cuire les crêpes.

4 Étaler la confiture sur les crêpes. Les plier en quatre et disposer dans un plat allant au four. Saupoudrer de sucre et mettre au four à gril pendant 1 minute. Retourner les crêpes, faire dorer une minute et servir.

Crêpes au chocolat et à la crème glacée
(4 portions)

125 g	chocolat sucré	¼ lb
125 ml	eau	½ tasse
1	pincée de sel	1
30 ml	Cointreau (ou liqueur d'orange	2 c. à s.
8	crêpes	8
400 ml	crème glacée à la vanille	1⅔ tasse

1 Dans le haut d'un bain-marie, faire chauffer à feu très doux le chocolat, l'eau et le sel; remuer constamment jusqu'à ce que le mélange soit lisse et luisant. Retirer du feu et incorporer la liqueur.

2 À l'aide d'une cuillère, déposer environ 50 ml (¼ tasse) de crème glacée à la vanille sur chaque crêpe. Rouler les crêpes autour de la crème glacée, puis les disposer dans un plat allant au four. Mettre au four à gril pendant 2 minutes.

3 Arroser de sauce au chocolat et servir immédiatement.

Crêpes farcies aux poires et à la crème
(6 à 8 portions)

4	poires, évidées, pelées et émincées	4
45 ml	sucre à fruits	3 c. à s.
½	recette de garniture à la crème pour dessert (voir page 94)	½
12	crêpes	12
50 ml	amandes effilées grillées	¼ tasse
	sucre	

1 Dans une casserole, mettre les poires et le sucre. Faire cuire 10 minutes, à feu moyen. Retirer la casserole du feu et laisser refroidir.

2 Étaler 30 ml (2 c. à s.) de garniture à la crème sur chaque crêpe. Ajouter quelques tranches de poire et plier la crêpe en quatre. Disposer dans un plat allant au four et saupoudrer de sucre.

3 Mettre au four à gril pendant 3 minutes. Garnir d'amandes grillées. Servir avec un coulis de framboises, si désiré.

Crêpes Suzette au curaçao

(4 portions)

8	fines crêpes pour dessert	8
60 ml	beurre non salé	4 c. à s.
60 ml	sucre à fruits	4 c. à s.
60 ml	curaçao (ou liqueur d'orange)	4 c. à s.
	jus de 3 mandarines	

1 Plier les crêpes en quatre et réserver.

2 Mettre le beurre et le sucre dans une grande poêle. Faire fondre à feu moyen, en remuant continuellement avec une fourchette.

3 Lorsque le mélange devient doré, ajouter le jus de mandarine. Mélanger rapidement jusqu'à ce que la sauce soit lisse.

4 Disposer les crêpes dans la sauce et faire cuire 30 secondes. Retourner les crêpes et arroser de liqueur. Flamber et servir.

Sauce blanche de base
(450 ml / 1¾ tasse)

45 ml	beurre	3 c. à s.
45 ml	farine tout usage	3 c. à s.
500 ml	lait, chaud	2 tasses
1	pincée de clous de girofle	1
	sel et poivre blanc	
	muscade râpée, au goût	

1 Dans une casserole, à feu moyen, faire chauffer le beurre. Saupoudrer de farine et très bien mélanger. Faire cuire 1 minute, à feu doux.

2 Ajouter le lait, 250 ml (1 tasse) à la fois, en fouettant entre chaque addition. Ajouter les assaisonnements et mélanger de nouveau.

3 Faire cuire la sauce 12 minutes à feu doux, en remuant souvent pendant la cuisson.

4 Utiliser immédiatement ou couvrir d'une pellicule de plastique de sorte qu'elle touche la surface de la sauce. Cette sauce se garde 2 jours au réfrigérateur.

Note : Pour obtenir une sauce **blanche épaisse**, utiliser 375 ml (1½ tasse) de lait au lieu de 500 ml (2 tasses).

Sauce Mornay
(4 à 6 portions)

60 ml	beurre	4 c. à s.
60 ml	farine	4 c. à s.
500 ml	lait, chaud	2 tasses
1	petit oignon, épluché	1
1	clou de girofle	1
75 ml	gruyère râpé	⅓ tasse
45 ml	parmesan râpé	3 c. à s.
1	pincée de muscade	1
	sel et poivre blanc	

1 Dans une casserole, à feu moyen, faire chauffer le beurre. Saupoudrer de farine, bien mélanger et faire cuire 1 minute, à feu doux.

2 Incorporer le lait et bien assaisonner de sel, de poivre et de muscade. Piquer l'oignon du clou de girofle et l'ajouter à la sauce.

3 Amener à ébullition et laisser mijoter 12 minutes, à feu doux. Remuer souvent au fouet.

4 Retirer l'oignon piqué du clou de girofle. Filtrer la sauce à travers une passoire posée sur une casserole. Incorporer les fromages et laisser mijoter 2 minutes.

Sauce aux œufs

(4 à 6 portions)

45 ml	beurre	3 c. à s.
45 ml	farine	3 c. à s.
500 ml	lait, chaud	2 tasses
2	jaunes d'œufs, légèrement battus	2
2	blancs d'œufs, battus en neige	2
125 ml	fromage fort râpé	½ tasse
1	pincée de paprika	1
	sel et poivre	

1 Dans une casserole, à feu moyen, faire chauffer le beurre. Saupoudrer de farine et bien mélanger. Faire cuire 1 minute.

2 Incorporer le lait et fouetter rapidement jusqu'à ce que le mélange soit lisse. Assaisonner de sel, de poivre et de paprika. Faire cuire la sauce 12 minutes à feu moyen-doux, en remuant souvent.

3 Incorporer les jaunes d'œufs et retirer la casserole du feu.

4 Incorporer très doucement les blancs d'œufs et le fromage. Rectifier l'assaisonnement.

Note : Cette sauce s'utilise avec une grande variété de garnitures pour crêpes.

Crème pâtissière

500 ml	lait	2 tasses
5 ml	extrait de vanille	1 c. à t.
1	gros œuf	1
2	gros jaunes d'œufs	2
125 ml	sucre	½ tasse
125 ml	farine tout usage	½ tasse
60 ml	beurre non salé	4 c. à s.
45 ml	kirsch	3 c. à s.

1 Dans une casserole, à feu moyen, amener le lait et la vanille au point d'ébullition. Dès que le liquide commence à bouillir, retirer la casserole du feu et réserver.

2 Mettre l'œuf et les jaunes d'œufs dans un bol. À l'aide d'un batteur électrique, battre jusqu'à ce que le mélange soit mousseux. Ajouter le sucre et continuer à battre jusqu'à ce que le mélange devienne jaune pâle.

3 Ajouter la farine et battre juste assez pour l'incorporer.

4 Sans cesser de battre, incorporer presque tout le lait chaud. Ajouter le reste de lait, bien mélanger, puis verser la préparation dans la casserole.

5 À feu moyen, sans cesser de battre, amener la crème à ébullition. Poursuivre la cuisson 1 minute, puis retirer la casserole du feu.

6 Incorporer le beurre fondu, puis verser la crème dans un bol. Incorporer le kirsch et couvrir d'une pellicule de plastique de sorte qu'elle touche la surface de la crème. Laisser refroidir avant de réfrigérer.

Note : Pour obtenir une crème plus légère, incorporer 1 ou 2 blancs d'œufs battus en neige à la fin de la cuisson, lorsque la crème est encore chaude.

Mettre l'œuf et les jaunes d'œufs dans un bol. Au batteur électrique, battre jusqu'à ce que le mélange soit mousseux.

Ajouter le sucre et battre jusqu'à ce que le mélange soit jaune pâle.

Ajouter la farine et battre juste assez pour l'incorporer.

Incorporer le lait chaud sans cesser de battre.

À feu moyen, amener la crème à ébullition en remuant continuellement. Poursuivre la cuisson 1 minute, puis retirer la casserole du feu. Ajouter le beurre et remuer jusqu'à ce qu'il soit fondu, puis verser la crème dans un bol.

Garniture à la crème pour desserts

175 ml	sucre à fruits	¾ tasse
1	gros œuf	1
2	gros jaunes d'œufs	2
75 ml	farine	5 c. à s.
375 ml	lait, chaud	1½ tasse
60 ml	kirsch	2 oz

1 Dans un bol, mettre le sucre, l'œuf entier et les jaunes d'œufs. Battre 7 minutes au batteur électrique.

2 Incorporer la farine et battre 30 secondes. Incorporer le lait chaud et mélanger jusqu'à ce que la crème soit lisse.

3 Verser la préparation dans une casserole. En remuant continuellement, faire cuire à feu doux jusqu'à ce que la garniture épaississe, environ 5 à 6 minutes.

4 Verser la garniture dans un bol et incorporer le kirsch. Couvrir d'une pellicule de plastique et laisser refroidir à température ambiante.

5 Cette garniture à la crème se garde de 2 jours au réfrigérateur.

Sauce au chocolat de base

250 ml	sucre à glacer	1 tasse
60 g	chocolat de cuisson amer	2 oz
5 ml	extrait de vanille	1 c. à t.
45 ml	crème à 15 %	3 c. à s.
1	jaune d'œuf	1

1 Dans un bol en acier inoxydable, mélanger le sucre à glacer, le chocolat, la vanille et la crème. Poser le bol sur une casserole à demi remplie d'eau chaude.

2 Faire fondre le mélange à feu doux.

3 Retirer le bol de la casserole et fouetter le mélange. Ajouter le jaune d'œuf et fouetter pour incorporer.

4 Couvrir d'une pellicule de plastique et garder au chaud jusqu'au moment de servir. Cette sauce doit être utilisée le jour même.

INDEX